ACHILLE VIALLATE

La Crise Anglaise

IMPÉRIALISME
ET PROTECTION

BIBLIOTHÈQUE DE POLITIQUE CONTEMPORAINE

COLLECTION DU RECUEIL DES ARCHIVES DIPLOMATIQUES

DUJARRIC ET Cie, ÉDITEURS

50, Rue des Saints-Pères, Paris

1905

LA CRISE ANGLAISE

La Crise Anglaise

IMPÉRIALISME ET PROTECTION

PAR

ACHILLE VIALLATE

Professeur à l'École des Sciences politiques

PARIS

DUJARRIC ET Cⁱᵉ, ÉDITEURS

50, RUE DES SAINTS-PÈRES, 50

—

1905

INTRODUCTION

La vive campagne dirigée par M. Joseph Chamberlain contre le libre-échange, devenu, depuis un demi-siècle la politique tradition- nelle de l'Angleterre, a appelé, plus que ne le font d'ordinaire les questions de politique in- térieure, l'attention des pays étrangers. La po- pularité de l'ancien Secrétaire colonial, devenu en quelques années un des hommes politiques les plus importants, sinon le plus important, du Royaume-Uni, explique en partie seulement cet intérêt. La cause en est plus profonde et plus sérieuse. Il est impossible, en effet, qu'un pays comme la Grande-Bretagne, qui joue un rôle si important dans la vie écono- mique du monde, modifie radicalement sa po- litique commerciale, sans que tous les peuples avec lesquels il est en relations en soient gravement affectés. L'Angleterre redevenant protectionniste, c'est le seul grand marché ouvert, le centre de liquidation des opérations internationales qui se ferme : il en résulterait un embarras général, dont tous les grands pays éprouveraient directement le contre-coup. Mais, à regarder de près, la question paraît plus grave encore. Sous la simple apparence d'un débat sur la politique commerciale, c'est en réalité, de politique générale qu'il s'agit. Que M. Chamberlain parvienne à convaincre le peuple anglais de la nécessité de la réforme dont il s'est fait le champion et que la politique qu'il préconise réussisse, ou que, au contraire, les Anglais refusent de le suivre, ou que sa politique se montre irréalisable, la Grande-Bretagne pourra espérer voir encore augmenter et grandir sa puissance pendant le XXe siècle, ou elle devra se résigner, sans pouvoir aller contre, à voir diminuer l'importance de son rôle dans la politique mondiale.

« Protection contre libre-échange », c'est ainsi que l'on résume le plus souvent la lutte engagée par M. Chamberlain. La formule est inexacte, à tout le moins incomplète. C'est « impérialisme et protection » qui est la vraie

formule, la devise des néo-réformateurs douaniers. L'abandon du libre-échange doit avoir
surtout pour but l'édification d'un « Empire
britannique » solidement uni par des liens
d'intérêt, autant que par des liens de sentiment,
un Empire auquel son étendue, la diversité
des climats sous lesquels il s'étend, l'importance de sa population, permettront d'acquérir
une indépendance économique telle qu'il
pourra sans danger s'isoler des autres nations,
auxquelles sa puissance lui permettra d'imposer en tout et partout sa volonté : « Un Empire qu'aucun empire dans le monde ne pourra
jamais surpasser en grandeur, en population,
en richesse ou en diversité de ressources (1) ».

Le peuple anglais hésite à se lancer dans une
pareille aventure. La plupart de ses hommes
d'Etat, ceux surtout qui ont pendant de lon-
gues années supporté le poids des affaires,
veillé sur l'honneur et la sécurité du vieux et
grand royaume, lui conseillent de repousser
des rêves chimériques qui ne lui causeront
vraisemblablement que des déboires et des regrets. Il n'est pas sûr qu'ils soient écoutés.

(1) J. Chamberlain, à Londres, 31 mars 1897.

Depuis une vingtaine d'années, l'Angleterre a vu s'accumuler devant elle des difficultés que pendant plus de trois quarts de siècle elle avait ignorées. Elle sent lui échapper la suprématie économique et la suprématie politique qui, au cours du dernier siècle, ont fait sa fortune, sa puissance et son orgueil. Des empires nouveaux : l'Allemagne, les Etats Unis, dans un avenir plus éloigné, la Russie, lui disputent ou s'apprêtent à lui disputer bientôt cette position prééminente dont elle était si fière, et dont elle se croyait assurée à jamais. Hier encore, les nations rivales la courtisaient, redoutaient de lui déplaire, se courbaient sous sa volonté; aujourd'hui, il en est qui la traitent déjà d'égale à égale, et ne craignent pas de lui faire entendre des menaces déguisées. Elle appréhende le moment où elle devra à son tour, abandonnant son hautain isolement, se mettre en quête d'alliances, faire plier sa superbe pour sauvegarder ses intérêts. Les peuples, comme les individus, se résignent difficilement à descendre. Moins que tout autre, le peuple anglais est préparé à accepter, sans essayer au moins une résistance, la réalisation d'événements — peut-être inéluctables, — mais assurément cruels pour son amour-propre. C'est ce qui explique l'importance prise dans ces dernières années par le mouvement impérialiste, la popularité acquise par M. Chamberlain dans son rôle nouveau de « missionnaire de l'Empire », les chances qu'il peut avoir d'ébranler le sentiment si profondément conservateur de ses compatriotes, à qui il présente la « Fédération britannique » comme le seul moyen de résoudre les difficultés financières, économiques et politiques auxquelles se heurte à l'heure présente l'Angleterre.

La France a trop d'intérêts hors de ses frontières, la place qu'elle occupe dans le monde est trop grande, pour qu'elle puisse se désintéresser de la politique étrangère. L'avenir de la Grande-Bretagne ne saurait nous laisser indifférents. A ce titre, et par les conséquences qu'elle pourrait avoir sur la politique générale, « la crise anglaise » mérite d'être étudiée avec soin. Les appréhensions qui troublent la population anglaise sont-elles imaginaires ou réelles ? Quelles sont les chances de succès de la politique nouvelle proposée par M. Chamberlain ? Cette politique est-elle vraiment capable de conduire à une Fédération britannique ? La fusion de toutes les sociétés blanches sur lesquelles flotte l'Union Jack, en un Empire ayant des intérêts, des sentiments, un idéal communs, apparaît-elle comme réalisable? Les jeunes sociétés anglo-saxonnes restées jusqu'à présent soumises au Royaume-Uni constitueront-elles, au contraire, un jour, des nationalités indépendantes? Quelle politique s'imposera alors l'Angleterre désormais isolée? Autant de questions sur lesquelles il faut nous faire une opinion pour savoir quelle orientation donner à notre politique extérieure, et ne pas nous laisser prendre au dépourvu par les événements futurs.

LA CRISE ANGLAISE

CHAPITRE PREMIER

Le mouvement impérialiste

Les origines du mouvement impérialiste, qui a pris de si grandes proportions en Angleterre dans ces derniers temps, ne remontent guère au delà d'une trentaine d'années. Pendant la période précédente, d'une durée à peu près égale, l'attitude du peuple anglais vis-à-vis des colonies avait été toute opposée. La population était indifférente à leur égard, on pourrait dire, sans grande exagération, qu'elle les ignorait, tandis que dans les milieux officiels on regardait comme inévitable une séparation, que certains même souhaitaient prochaine. L'impression causée par la perte des colonies américaines laissa pendant longtemps des traces profondes dans les esprits : n'était-ce pas la preuve de l'impossibilité de retenir indéfiniment liées à la métropole les colonies parvenues à l'âge adulte ? Puis l'adoption du libre-échange fit disparaître la principale raison qui avait jusqu'alors motivé les sacrifices faits par la métropole pour l'acquisition et le développement des colonies. L'abandon du « système colonial » était la conséquence forcée de la politique nouvelle l'Angleterre, en ouvrant librement ses ports aux produits de l'univers entier, cessait d'accorder des avantages particuliers aux produits de ses colonies ; par contre, elle abandonnait à celles-ci la faculté d'établir à leur guise leur tarif douanier, et elle ne demandait plus aucune faveur spéciale pour les produits métropolitains. La métropole n'avait donc plus d'intérêt particulier à assumer la lourde charge de la sécurité des colonies ; les dépenses dont elles grevaient son budget ne semblaient pas justifiées par des avantages suffisants. Cobden n'hésitait pas à déclarer que sous le régime du libre-échange, le Canada n'était pas plus intéressant pour l'Angleterre que les Etats-Unis, et il demandait le retrait des troupes que la métropole entretenait dans ses colonies : « Si nous ne rentrons pas dans notre coquille, ce pays, avec toute sa richesse, son énergie et ses ressources, succombera sous le poids de son vaste empire (1) ». Les hommes qui avaient la charge de l'administration des colonies étaient dominés par l'idée d'une scission fatale. Sir F. Rogers, — plus tard, lord Blachford, — qui fut pendant onze ans, de 1860 à 1871, sous-secrétaire d'Etat permanent pour les colonies, et jouit durant ce temps d'une très grande influence, a laissé un témoignage remarquable de cet état d'esprit. Ecrivant en 1885, il disait : « J'avais toujours cru que la destinée de nos colonies est l'indépendance, et qu'à ce point de vue le devoir du Colonial office est de faire en sorte que l'union, tant qu'elle durera, soit aussi avantageuse que possible aux deux parties, et que, lorsque la séparation aura lieu, elle se fasse de la façon la plus amicale ; et ma croyance s'est tellement confirmée et consolidée, que je peux à peine croire que quelqu'un pense sérieusement le contraire (2) ». C'était l'é-

(1) John Morley : *The life of Richard Cobden* ; popular éd., 1903, p. 507.
(2) Hugh Edward Egerton : *A short history of British colonial policy* ; p. 368.

poque où Disraeli, dont l'opinion devait se modifier plus tard, écrivait : « Ces misérables colonies, qui sont une pierre à notre cou, seront indépendantes dans un petit nombre d'années (1) », et où l'on entendait un homme d'État libéral déclarer que la seule objection à la séparation des colonies était que l'Angleterre, débarrassée d'elles, serait si puissante, qu'elle deviendrait un danger pour le reste du monde (2). Dans une série de lettres écrites au *Daily News*, en 1862 et 1863, le professeur Goldwin Smith, qui occupait alors une chaire d'histoire à l'Université d'Oxford, exprima publiquement l'opinion extrême de ce courant d'idées. L'empire ne lui paraissait qu'un danger pour le présent et une illusion pour l'avenir ; colonies et possessions entraînaient pour l'Angleterre des charges considérables, sans compensation aucune ; ne valait-il pas mieux, plutôt que de laisser se perpétuer une pareille situation, préparer de suite la séparation ? (3). Ces vues radicales ne furent jamais acceptées

(1) Cité dans la *Quarterly Review*, juillet 1902 : The colonial conférence.
(2) A. Froude : *Lord Beaconsfield*, p. 238.
(3) Ces lettres ont été réunies en volume sous le titre de : *The Empire*, 1863.

par le parti tory, et bien qu'elles rencontrassent un accueil favorable dans les milieux libéraux, ceux-ci n'osèrent jamais en faire ouvertement un principe de politique. Mais la législation de la période porte la trace de ces idées.

Des raisons purement locales avaient fait accorder en 1840 une certaine autonomie aux colonies canadiennes. Bientôt, cette autonomie fut considérée comme une étape préparatoire de la politique qui devait acheminer les colonies à l'indépendance. Toutes celles qui parurent susceptibles d'en être dotées se virent octroyer successivement, de 1840 à 1872 (1), d'abord des institutions représentatives, puis le gouvernement responsable, et la métropole leur abandonna la gestion de leurs affaires financières, sans stipuler aucune restriction. Après avoir tenté de retenir la propriété des terres de la couronne, elle céda aux demandes des colonies et la leur abandonna. A partir de 1859, le nombre des troupes métropolitaines stationnées dans ces colonies fut progressivement diminuée, et, en 1862, la Chambre des Communes adopta, sans division, une résolu-

(1) Le Canada en 1840 ; les colonies d'Australasie, de 1850 à 1860 ; la colonie du Cap en 1872.

tion déclarant que « les colonies exerçant le droit de *self-government* devaient accepter la responsabilité d'assurer leur sécurité intérieure, et avaient le devoir de concourir à leur défense extérieure (1) ». « De 1867 à 1870, — écrit Todd, — dans les débats qui eurent lieu sur ce sujet, les ministres purent affirmer que les troupes étaient graduellement retirées... jusqu'à ce que, en 1873, le sous-secrétaire d'Etat des Colonies fut capable d'annoncer que les dépenses militaires faites par la métropole dans les colonies l'étaient presque uniquement dans un intérêt impérial (2) ». D'autre part, la métropole laissait tomber peu à peu en désuétude le droit de veto sur les actes législatifs, qui était sa seule prérogative efficace. C'est ainsi que les liens qui rattachent à l'Angleterre les colonies de population blanche : Dominion du Canada, colonies d'Australie, Nouvelle-Zélande, le Cap, Natal, sont allés se relâchant peu à peu, jusqu'à ne conserver qu'un caractère presque purement nominal. Ils se réduisent aujourd'hui à la présence du

(1) Egerton, *op. cit.*, p. 365.
(2) Todd : *Paliamentary gouvernement in the British colonies*, p. 207. Cité par Egerton, *op. cit.*, p. 365.

gouverneur, que la couronne a conservé le droit de nommer, au droit d'appel au conseil privé, pour un certain nombre de causes, et à l'impossibilité pour ces colonies de traiter avec des puissances étrangères autrement que par l'intermédiaire du gouvernement métropolitain.

Aux environs de 1870 commença cependant à se manifester une réaction contre ces idées de séparation fatale, de danger causé à la métropole par ses colonies, qui, depuis vingt-cinq ans, dominaient la politique coloniale. Mais il fallut à cette réaction une quinzaine d'années avant de se consolider et d'être capable d'influencer la politique à son tour. L'apparition, en 1868, de l'ouvrage de sir Charles Dilke : *La Plus-Grande-Bretagne* est le premier signe marquant du mouvement qui se préparait (1). Ayant achevé ses études, en 1866, le jeune étudiant eut l'idée, presque extraordinaire à cette époque, de compléter son instruction par une visite aux possessions britanniques. Il en revint émerveillé

(1) Après un autre voyage autour du monde, en 1875, sir Charles Dilke publia une seconde édition de « *Greater Britain* ». En 1890, à la suite de deux nouveaux voyages, il a publié son ouvrage en deux volumes : « *Problems of Greater Britain* », qui fait autorité sur ces questions.

de la variété et de l'immensité des ressources
que renfermait l'empire, et très frappé de la
loyauté persistante que continuaient à témoi-
gner à la couronne la population des colonies
autonomes. La même année 1868, vit la création
à Londres d'une institution nouvelle : le *Royal
colonial institute.* Ses fondateurs se proposaient
d'en faire le centre des intérêts coloniaux et
d'y grouper, pour mieux utiliser leurs efforts,
tous ceux qu'intéressait le développement des
colonies. En 1869, la question des rapports de
l'Angleterre et de ses colonies était publiquement discutée dans un Congrès des sciences so-
ciales, tenu à Bristol, et plusieurs orateurs se
déclaraient favorables au maintien de l'empire.
Peu de temps après, en 1871, un publiciste,
M. Edward Jenkins, lançait l'idée de la création d'une « Fédération impériale ». Mais ce
n'étaient encore que des idées émises par des
penseurs isolées ; elles demeuraient enfermées
dans un cercle étroit, elles n'atteignaient pas le
grand public (1).

C'est un discours de Disraeli, en 1872, qui

(1) F.-P. de Labillière : *Federal Britain, or unity and
federation of the Empire,* 1894 ; ch. I : « Rise of the federal principle. »

attira sur ce sujet l'attention populaire. Le chef du parti conservateur faisait le procès des libéraux au pouvoir. Son attaque principale porta sur leur politique à l'égard des colonies, et sur la nécessité de revenir à d'autres erre-ments. « Si vous étudiez l'histoire de ce pays depuis l'apparition du Libéralisme, il y a qua-rante ans, vous trouverez qu'il n'y a eu aucun effort aussi continu, aussi subtil, soutenu avec autant d'énergie, et conduit avec autant d'habi-leté et de jugement que les tentatives du Libéra-lisme pour amener la destruction de l'Empire d'Angleterre. De tous ses efforts, c'est celui qui a été le plus près du succès. Les hommes d'Etat du caractère le plus élevé, les écrivains les plus distingués, les moyens les plus efficaces, ont été employés dans ce but. On nous a prouvé que nos colonies nous ont fait perdre de l'argent. On nous a montré avec une préci-sion mathématique qu'aucun joyau de la cou-ronne d'Angleterre ne nous a coûté aussi cher que la possession de l'Inde. Combien de fois ne nous a-t-on pas suggéré de nous débarrasser de ce fardeau ? Ce résultat fut presque accom-pli. Lorsque ces vues subtiles furent adoptées par ce pays sous le prétexte plausible de donner l'autonomie aux colonies, j'avoue que je crus moi-même que le lien était rompu. Non que je fasse quelque objection à l'autonomie. Je ne puis concevoir comment les intérêts de nos colonies éloignées pourraient être autrement administrés. Mais je crois que lorsque l'autonomie a été concédée, elle n'aurait dû être considérée que comme une partie d'une grande politique de consolidation impériale. Elle aurait dû être accompagnée d'un tarif douanier impérial, de garanties données au peuple anglais pour la jouissance des terres vacantes qui appartenaient au souverain comme le représentant de la nation, et par un code militaire qui aurait défini les moyens à l'aide desquels la sécurité des colonies devait être assurée, et les obligations au nom desquelles ce pays, en cas de nécessité, aurait pu réclamer l'aide des colonies elles-mêmes. Elle aurait dû, enfin, être accompagnée d'une sorte de conseil représentatif dans la métropole, qui aurait mis les colonies en relations constantes et continues avec le gouvernement métropolitain. Toutes ces mesures furent omises parce que ceux qui conseillèrent cette politique, — et je crois leurs convictions sincères, — regardaient les colonies de l'Angleterre, regardaient même nos relations avec l'Inde, comme une charge pour ce pays, jugeant toutes choses au point de vue financier, et négligeant totalement ces consi·dérations morales et politiques qui font les nations grandes et dont l'influence distingue seule les hommes des animaux. Quel a été le résultat de cette tentative de destruction de l'Empire ? Elle a entièrement échoué. Mais pourquoi a-t-elle échoué ? A cause de la sympathie des colonies pour la mère-patrie. Elles ont décidé que l'Empire ne serait pas détruit ; et j'estime qu'aucun ministre ne fera son devoir, qui négligera toute occasion de reconstruire autant qu'il sera possible notre empire colonial et de répondre à ces sympathies éloignées qui peuvent devenir la source d'une puissance et d'un bonheur incalculables pour ce pays (1) ». C'était tout un programme que Disraeli esquissait dans ce discours. Mais la question coloniale n'était pas alors une question pressante, et, revenu au pouvoir, il semble ne pas s'être souvenu de ces vastes projets. Son attention fut absorbée tout entière par l'Orient.

(1) Discours au Crystal Palace, 24 juin 1892, cité par A. Froude : *Lord Beaconsfield*, p. 239.

L'Inde des rajahs, aux prestigieux souvenirs, aux merveilleuses légendes, aux somptueux cortèges, flattait davantage son imagination brillante que les rudes et pauvres colonies du Canada ou de l'Australie, et son zèle pour l'empire parut satisfait lorsqu'il eut fait décerner par le Parlement, en 1876, comme un gracieux hommage, le titre d' « impératrice des Indes » à sa souveraine.

Le développement des moyens de communication fit plus que tous les discours et toutes les théories pour amener un revirement d'opinion à l'égard des colonies. Le premier câble transatlantique, posé en 1866, avait rapproché, quoique indirectement, par l'intermédiaire des États-Unis, le Canada de la métropole. En novembre 1872, des communications télégraphiques étaient établies avec l'Australie, et au banquet donné pour célébrer cet événement, un toast était porté à « l'intégrité de l'Empire britannique ». Vers le même temps, l'ouverture du canal de Suez venait abréger considérablement la longueur du voyage pour ceux qui se rendaient aux Indes ou aux colonies australiennes. Enfin, le développement de la marine à vapeur qui permettait d'établir des relations régulières avec les colonies, réduisant du même coup la durée des trajets, faisait douter de la véracité de l'axiome qui régnait presque incontesté à l'époque des lentes et incertaines communications au moyen des navires à voiles : que la mer était un insurmontable obstacle à l'union permanente des colonies avec la métropole. En 1875, un homme d'Etat libéral, M. W.-E. Forster, protesta publiquement, dans une adresse prononcée à Edimbourg, contre l'idée de la séparation fatale : « La science a réuni les extrémités du globe et rendu possible à une nation de voir des océans rouler leurs vagues entre ses diverses provinces. Pourquoi seuls parmi les peuples repousserions-nous cet enthousiasme pour l'idée de nationalité, qui est une des idées les plus puissantes de notre époque ? Pourquoi repousserions-nous les dons de la science, et négligerions-nous les possibilités d'union que nous offrent la vapeur et l'électricité ?... Tout ce qui est nécessaire maintenant, c'est de pénétrer les colonies, et de nous pénétrer nous-mêmes du désir que l'union doit durer, ... c'est de remplacer l'idée de l'indépendance éventuelle, qui signifie la désunion, par celle de

Contraste insuffisant

NF Z 43-120-14

l'association sur des bases égales, qui signifie l'union. Si nous faisons ceci, nous pouvons être certains qu'à l'époque voulue cette dernière idée ne manquera pas de se réaliser (1) ».

Pendant les années suivantes, les manifestations en faveur de l'union allèrent se multipliant. Mais elles demeuraient isolées ; l'attention populaire était appelée un instant sur ce sujet, sans jamais s'y arrêter longuement. Il était nécessaire, pour obtenir un résultat durable, de créer une organisation spéciale, en vue de répandre dans le public l'idée de la Fédération impériale. Le projet, émis au début de 1884, par M. F.-P. de Labillière et l'amiral sir John Colomb, reçut de suite de nombreuses adhésions : de libéraux et de conservateurs, d'anglais et de coloniaux. La séance où l'on arrêta les bases de la nouvelle association fut saluée par les orateurs comme un événement historique. « Cette réunion, — dit lord Rosebery, qui, dès son entrée dans la vie politique, s'était montré favorable au mouvement impérialiste, — me paraît devoir marquer une date dans l'histoire de la Grande-Bre-

(1) Cité par F.-P. de Labillière, *op. cit.*, p. 26.

tagne, parce qu'elle est la preuve que l'opinion publique s'éveille à ce qui sera une des questions les plus importantes de l'avenir... De deux parties du monde, de l'extrémité de l'océan occidental et de l'extrémité de l'océan du sud, deux grands empires tendent les mains, avec une loyauté passionnée, vers le pays d'où ils sont issus. Si nous ne profitons pas de ce sentiment à présent, le temps viendra où nous le regretterons amèrement ». Le 18 novembre 1884, l'*Imperial federation league* tenait sa première séance publique, sous la présidence de M. W.-E. Foster, à qui succédait après sa mort, en 1886, lord Rosebery. Pendant les dix années de son existence, la ligue fit une active propagande en faveur de l'idée impériale, dans la métropole et dans les colonies, où elle établit de nombreuses branches locales. C'était la première tentative sérieuse pour donner conscience à la population de la métropole de l'existence de cet immense empire dont elle soupçonnait à peine l'importance et l'étendue. Ceux que préoccupaient l'avenir de l'empire, qui en redoutaient la dislocation et croyaient possible de le conserver uni, sans voir cependant exactement par quels moyens et à quelles conditions, sentaient la nécessité de créer en faveur de ces idées nouvelles un vif mouvement d'opinion. Il fallait réagir contre la doctrine de la séparation fatale qui dominait encore dans les esprits, et préparer les classes populaires, nouvelles venues à la vie politique, à envisager cette grave question, qu'elles seraient fatalement un jour appelées à résoudre.

L'avenir de l'empire ne préoccupait pas seulement les hommes politiques. Les adversaires de l'idée de la Fédération se fondaient généralement sur l'histoire pour soutenir l'échec inévitable que devait rencontrer pareille tentative. C'est à l'histoire qu'un professeur de l'Université de Cambridge s'adressa pour réfuter leur thèse. Dans son ouvrage « *l'Expansion de l'Angleterre* », publié en 1884, J.-R. Seeley (1) remettait à sa vraie place dans l'histoire de la Grande-Bretagne l'œuvre considérable de la colonisation réalisée au XVIIIe siècle et au commencement du XIXe, qui n'était étudiée jusqu'alors que comme en passant et comme un

____

(1) « *The Expansion of England* » par J. R. Seeley, professeur royal d'histoire moderne à l'Université de Cambridge, 1884. — Trad. française par MM. J.-B. Baille et A. Rambaud, avec une préface de A. Rambaud, 1885.

phénomène secondaire. L'expansion de l'Angleterre dans le Nouveau Monde et en Asie, n'est-elle pas en réalité la grande caractéristique de la politique anglaise à cette époque? « Le grand exode anglais est ordinairement considéré comme s'il s'était accompli de la façon la plus simple, comme un fait inévitable, comme l'occupation paisible des contrées désertes par la nation qui se trouvait avoir le plus grand surplus de population, en même temps que la plus grande puissance maritime. C'est là une grave erreur; ... cet exode est un des chapitres les plus importants, les plus féconds et les plus intéressants de l'histoire de l'Angleterre... Le grand fait central de ce chapitre de l'histoire est que nous avons eu, à des époques différentes, deux empires coloniaux. Si intense est le courant de la destinée qui nous porte à l'occupation du Nouveau Monde, qu'après avoir créé un empire et l'avoir perdu, nous en avons élevé un second en dépit de nous-mêmes ». Ce second empire doit-il rencontrer le même sort que le précédent? L'histoire, suivant J.-R. Seeley, ne permet nullement de l'affirmer. Ces jeunes sociétés du Canada, de l'Australie, de l'Afrique australe, fruit de l'action colonisatrice persévérante de l'Angleterre, sont « un agrandissement de l'État anglais et non simplement un accroissement de la race anglaise ». En l'absence même de la communauté d'intérêts, due à l'éloignement de ces diverses parties de l'empire, les liens du sang et de la religion ne sont-ils pas assez puissants pour faire de la Plus-Grande-Bretagne une « union de la nature la plus vitale? » Si la Plus-Grande-Bretagne du XVIIIe siècle s'est brisée sur « le roc des libertés parlementaires », c'est qu'il était alors « impossible de les pratiquer sur une si vaste échelle, tandis qu'il n'était que trop possible de pratiquer le despotisme ». Les découvertes scientifiques nouvelles ont supprimé les difficultées nées de l'éloignement, et rendu réalisable l'organisation d'une Fédération britannique qui, il y a un demi-siècle encore, ne pouvait être regardée que comme un rêve inaccessible, Or, cette union, les transformations politiques modernes l'ont rendue nécessaire pour la sécurité même de la Grande-Bretagne. « Ces mêmes inventions qui rendent possibles les vastes unions politiques, tendent à réduire les Etats qui garderont leur ancienne étendue, à la condition d'Etats qui n'auront plus ni sécurité, ni puissance, et qui tomberont au second rang. Si l'Union américaine et la Russie maintiennent leur unité pendant un demi-siècle encore, elles finiront par annihiler les vieux Etats européens, tels que la France et l'Allemagne, qui tomberont ainsi à un rang inférieur. L'Angleterre aura le même sort, si, à cette époque, elle se considère toujours comme un simple Etat européen, comme le vieux Royaume-Uni de Grande-Bretagne et d'Irlande, tel que l'a laissé Pitt. Ce serait en vérité un bien grand remède que d'essayer de faire face à ces vastes Etats du type nouveau en leur opposant une réunion artificielle d'établissements et d'îles répandus sur toute la surface du globe, habités par des nationalités diverses, et sans union plus intime que l'accident par lequel ils reconnaissent tous une autorité commune, celle de la reine ! » L'ouvrage de Seeley eut un succès rapide, et fit sur les esprits une impression profonde, d'autant plus forte peut-être que les tendances libérales de l'auteur étaient connues.

L'*Oceana* (1) de J.-A. Froude, récit d'un

(1) « *Oceana or England and her colonies* », by James Anthony Froude, 1886.

voyage dans l'Afrique du Sud et en Australie,
publiée deux ans plus tard, vint ramener encore l'attention du public sur ces membres
éloignés de l'empire. Le voyageur concluait
comme l'historien. Froude revenait convaincu
du brillant avenir réservé à ces colonies, de la
nécessité pour l'Angleterre d'éviter une séparation, et de la possibilité, malgré les difficultés nombreuses de l'entreprise, de réaliser une
union durable, Il y voyait la tâche la plus importante qui incombait à la démocratie que les
réformes électorales récentes venaient d'appeler à participer directement à la politique du
pays. « Les colonies américaines ont été perdues par la maladresse des patriciens. Les représentants des classes moyennes auraient re-
jeté, s'ils l'avaient pu, l'Australie et la Nouvelle-Zélande et les Canadas. Le pouvoir appar
tient maintenant à la démocratie. Sera-t-elle
plus sage que ceux qu'elle a supplantés,
essaiera-t-elle de conserver pour les millions
d'individus qui la composent ces splendides
territoires où l'on trouve un sol aussi fertile
que dans la vieille patrie, de l'air, du soleil et
des moyens d'avenir pour une population dix
fois aussi importante que notre population

actuelle ? Si nous laissons l'occasion s'enfuir sans en profiter, l'Angleterre peut renoncer pour toujours à ses anciennes aspirations ».

Le mouvement en faveur de la Fédération impériale était définitivement créé. Sans doute, il rencontrait des adversaires irréductibles, tels que M. Goldwin Smith, M. John Morley, qui n'y voyaient qu'un rêve irréalisable, et les masses restaient indifférentes, ne soupçonnant pas l'importance de la question, mais l'idée avait recruté des adhérents aussi bien parmi les libéraux que parmi les tories : sir Charles Dilke, M. W.-E. Forster, lord Rosebery, membres influents du parti libéral, qui avait pendant une si longue période témoigné sa répugnance à l'égard des questions coloniales, voyaient rapidement grossir le groupe qui, sous la conduite du dernier, devait donner naissance à quelques années de là, aux libéraux-impérialistes.

Pourtant, le mouvement demeurait encore limité au monde politique et aux classes supérieures de la société. Industriels et commerçants y étaient demeurés étrangers. La réalisation de l'union politique impériale semblait devoir nécessiter la constitution d'une union douanière, et porter ainsi atteinte à la politique libre-échangiste. L'appréhension d'un pareil changement justifiait la défiance du monde commercial. Cependant, en 1886, cet élément entrait en scène à son tour. Cette année, se tint à Londres, le premier congrès des Chambres de commerce de l'Empire. Le free-trade y était encore souverain, mais des voix dissidentes se firent entendre. Sous le coup de la crise, à peine liquidée, de l'année précédente, qui avait si fatalement atteint l'industrie nationale, devant les dangers de la concurrence allemande naissante, quelques délégués demandèrent s'il ne serait pas de bonne politique d'essayer de nouer des relations économiques plus étroites entre la métropole et les colonies. Et la chambre de commerce de Londres, s'appropriant une idée émise déjà par l'Imperial federation league, présentait une résolution demandant « que les gouvernements coloniaux, fussent au plus tôt consultés sur les meilleurs plans de Fédération impériale ».

L'année suivante, le jubilé de la reine Victoria, qui célébrait la cinquantième année de son règne, vint éveiller les classes populaires au sentiment impérial, auquel, jusqu'alors, elles étaient restées presque entièrement étrangères. Les fêtes officielles réunirent des délégués de toutes les colonies, qui venaient faire à la souveraine un cortège d'honneur et manifester d'une manière visible l'unité de l'immense empire réuni sous son sceptre. Les journaux, les magazines, ne tarirent pas pendant quelques mois d'articles relatifs à l'empire, enseignant des millions de lecteurs. Enfin, pour la première fois, les ministres des grandes colonies siégèrent avec les ministres de la métropole dans une conférence où furent discutées les questions d'intérêt commun. C'était comme un grand conseil de l'Empire, où les ardents voulaient voir les prémisses du Parlement impérial futur. Le sujet même de la Fédération avait dû cependant être écarté du programme des questions mises à l'étude. L'exclusion en avait été exigée par la Nouvelle-Galles du Sud et quelques autres colonies (1), qui repoussaient toute idée d'une restriction quelconque à leur autonomie. Les résultats de la conférence furent plus moraux que matériels. Le sujet de discussion le plus important fut celui de la défense. La métropole eût désiré

(1) Sir Charles Dilke, *op. cit.*, t. II, p. 467.

voir les grandes colonies accepter le principe d'une contribution à la défense navale de l'Empire. Elle n'obtint que peu de chose: seules, les colonies australiennes et la Nouvelle-Zélande s'engagèrent à fournir un modeste subside. Cette réunion parut être cependant, suivant les paroles de lord Salisbury, alors premier ministre, à la séance d'inauguration: « le commencement d'un état de choses qui pourrait avoir de grandes conséquences dans l'avenir ». Mais le vieil homme d'État se montrait prudent dans ses prévisions relativement à la réussite finale du but poursuivi: « La Fédération impériale, — ajoutait-il, — est une question qui intéresse l'avenir plutôt que le présent. Ce sont là de grandes aspirations... Elles sont sans doute encore bien indécises, mais c'est la nébuleuse qui, dans le cours des siècles, — dans beaucoup moins que des siècles, — se refroidira et, en se condensant, fournira les matériaux d'où on pourra tirer vraisemblablement des avantages pratiques nombreux ». La conférence permit surtout aux coloniaux d'exprimer leurs plaintes sur la façon dont les intérêts des colonies étaient parfois négligés à Londres, lorsqu'ils contrariaient les intérêts impériaux ou métropolitains. « Nous espérons que dorénavant, — disait un des représentants de la colonie de Victoria, M. Deakin, — la politique coloniale sera considérée comme ne faisant qu'un avec la politique impériale; que les intérêts coloniaux seront regardés comme des intérêts impériaux qu'ils seront étudiés avec soin, et que, lorsqu'on les aura compris, ils seront soutenus avec la plus grande énergie (1) ». Depuis quelques temps déjà, d'ailleurs, les colonies savaient faire céder le gouvernement métropolitain à leur volonté. Le Canada obligeait l'Angleterre à ouvrir avec les Etats-Unis de nouvelles négociations au sujet de la question jamais réglée des pêcheries, et le Quensland exigeait et obtenait l'annexion de la partie encore disponible de la Nouvelle Guinée.

Les questions coloniales reprenaient dans la politique anglaise la place qu'elles avaient cessé d'y occuper depuis une trentaine d'années. Deux faits en étaient cause. Le développement même des colonies, dont la population et la richesse avaient rapidement augmenté pendant

(1) Egerton, *op. cit.*, p. 451.

cette période, et le mouvement d'expansion dont commençaient à faire preuve les puissances continentales. Dans un discours à la Chambre de commerce de Leeds, le 11 octobre 1888, lord Rosebery appelait l'attention sur le changement que ces faits avaient amené dans la politique britannique : « Un grand changement s'est produit pendant les vingt dernières années dans l'ensemble de notre politique étrangère, et je crois que vous en verrez un plus grand encore dans les vingt prochaines années. Notre politique étrangère a pris davantage le caractère d'une politique coloniale, et elle devient chaque jour plus étroitement mêlée à nos intérêts coloniaux. Autrefois, notre politique étrangère était avant tout une politique indienne ; nous étions guidés principalement par des considérations relatives à notre empire indien... mais, par suite de causes nouvelles, l'influence coloniale doit nécessairement affecter notre politique étrangère. Nos colonies sont arrivées à un degré de puissance qui, naturellement, nous oblige à les écouter lorsqu'elles nous font des représentations au nom de leurs intérêts — et leurs représentations à ce sujet sont fréquentes.

D'autre part, nous voyons d'autres Puissances entrer à leur tour dans la voie des acquisitions coloniales. Auparavant, nous n'avions pas à nous occuper dans notre politique étrangère de questions coloniales, parce que nous avions un monopole des colonies. Ce monopole a pris fin... Prenez n'importe laquelle des questions extérieures qui nous occupent à l'heure actuelle vous trouverez que l'intérêt colonial y est étroitement lié, et dans l'avenir votre politique coloniale doit être un des facteurs dominants de votre politique étrangère ».

La détermination avec laquelle la France, à peine remise des désastres de l'Année terrible, entreprit de réédifier un empire colonial, l'entrée en scène de l'Allemagne, ambitieuse de se créer un domaine africain, entraînèrent l'Angleterre à reprendre vigoureusement la politique d'annexions qu'elle ne pratiquait plus depuis quelque temps que d'une manière intermittente. « Un changement nécessaire de politique suivit la découverte que l'Allemagne et la France manifestaient l'intention de se partager presque tous les territoires qui n'appartenaient pas encore à des races européennes. Le mouvement de l'Allemagne et de la France faisait craindre la possibilité de voir de grands marchés enlevés à notre commerce par des annexions purement nominales, suivies certainement, en ce qui concernait la France, vraisemblablement aussi en fin de compte pour l'Allemagne, par l'imposition de droits différentiels (1) ». Les intérêts économiques et politiques futurs paraissaient exiger que l'Angleterre prît des territoires encore vacants la part la plus grande possible. Cette politique d'expansion continue souleva les protestations d'un petit nombre de radicaux et de libéraux fidèles aux anciennes traditions, mais les « *Little-Englanders* », les partisans de la Petite-Angleterre, ainsi que leurs adversaires les baptisèrent ironiquement, n'avaient plus l'oreille du public. L'impérialisme gagnait du terrain, et lord Rosebery, « l'orateur de l'Empire », voyait se grouper autour de lui un nombre chaque jour plus grands de libéraux, aussi ardents que les conservateurs aux conquêtes nouvelles : « On dit que notre empire est assez grand, que nous avons assez de territoires. Ce serait vrai si le monde était élastique, malheureusement, il ne l'est pas, et,

______

(1) Sir Charles Dilke, *op. cit.*, t. II, p. 191.

en ce moment, nous sommes en train d'acquérir, en y plantant notre drapeau, ainsi que font
les mineurs, des droits sur des concessions que
nous exploiterons plus tard. Nous devons con
sidérer, non ce dont nous avons besoin à présent, mais ce dont nous aurons besoin dans l'a
venir... Nous devons nous rappeler que c'est
une partie de notre devoir et de notre
héritage de veiller à ce que le monde reçoive
notre empreinte et non celle d'un autre peuple (1) ». En seize années, de 1884 à 1900, le
territoire de l'empire était augmenté de près de
moitié et sa population de près du quart.

Les mêmes idées qui poussaient à cette expansion continue devaient également faire désirer la consolidation des liens avec les colonies
autonomes. Mais la difficulté de trouver une
base d'entente acceptable à la fois à la métropole et aux colonies paraissait devoir rendre la
solution de cette seconde question à peu près
impossible. L'*Imperial federation league* essaya
vainement de formuler un programme : de tous
les projets de fédération présentés par ses
membres, pas un ne survécut aux critiques

(1) Lord Rosebery, au *Royal Colonial Institute*, 1ᵉʳ mars
1893.

dont ils furent l'objet dès leur apparition. La ligue fut dissoute à la fin de 1893, laissant à d'autres organisations, d'un but plus défini, le soin de poursuivre la réalisation de l'idée dont elle avait contribué, avec succès, à répandre le principe. La *British Empire league*, la *United Empire trade league*, le *Imperial federation defence committee*, lui ont succédé dans sa tâche, la première s'attachant surtout aux projets de fédération politique, la seconde portant ses efforts vers la réalisation d'une union commerciale, le dernier ayant pour objet particulier la création d'une union militaire. La conférence de 1887, dans laquelle des enthousiastes avaient espéré voir l'origine d'une série de conférences périodiques entre le gouvenerment métropolitain et les représentants des colonies, ne paraissait pas devoir être de sitôt renouvelée. En juillet 1889, lord Rosebery avait demandé au premier ministre, au nom de l'Imperial federation league, de convoquer une nouvelle conférence coloniale, pour « étudier la possibilité d'une union plus substantielle et plus étroite entre la métropole et ses colonies ». Lord Salisbury s'y était refusé, déclarant que c'était aux colonies elles-mêmes à prendre, si elles le jugeaient convenable, l'initiative d'un semblable mouvement. Les colonies ne répondirent pas à cet appel indirect. Pourtant, en juin 1894, les représentants du Canada, des colonies australasiennes et de la colonie du Cap se trouvaient de nouveau réunis, en territoire canadien cette fois, à Ottawa. Cette conférence ne devait discuter que des questions d'un intérêt intercolonial, et le représentant de la métropole, invité par courtoisie, n'y joua que le rôle « d'observateur bienveillant ». Une des questions les plus importantes abordées par la conférence fut celle du développement des relations commerciales entre les colonies britanniques. Les délégués votèrent une résolution demandant au gouvernement métropolitain l'abrogation des difficultés législatives et conventionnelles qui les empêchaient, à l'époque, de se donner l'avantage réciproque de tarifs préférentiels. Les délégués exprimèrent également le désir des colonies de voir adopter un arrangement douanier, auquel participerait le Royaume-Uni, et qui mettrait « le commerce entre les différentes parties de l'empire, dans une situation plus avantageuse que le commerce avec les pays étrangers ». Ce vœu ne trouva que peu d'écho dans la métropole, où les free-traders repoussaient toute idée de cette nature.

L'Angleterre entendait conserver entière sa liberté économique. Déjà, cependant, sa liberté politique ne l'était plus : les colonies avaient pris dans la politique anglaise une place inattendue. Londres décide, mais dans bien des cas, ce sont les colonies maintenant qui engagent l'action et forcent la main aux ministres du Royaume-Uni. « Notre grand Empire — disait en 1893, lord Rosebery, — nous a tiré par les basques de notre habit hors du système européen, et, quoique, avec notre grande prépondérance, notre influence morale et notre puissante flotte, avec nos traditions en Europe et notre volonté de maintenir la paix sur le continent, nous ne puissions jamais nous retirer entièrement du système européen, nous devons reconnaître que notre politique étrangère est devenue une politique coloniale et est en réalité dictée de nos jours beaucoup plus des extrémités de l'empire que de Londres même (1) ». La constitution du second ministère Salisbury, en juin 1895, témoigna de l'importance nou-

(1) A Londres, au *City liberal club*.

velle prise par les questions coloniales. M. Chamberlain, l'ancien collègue de Gladstone, dont il s'était séparé en 1886, sur la question du home-rule, devenu depuis l'allié des conservateurs, devait être, après le premier ministre, le personnage le plus important du ministère. A l'étonnement général, il prit le secrétariat colonial, qui n'avait été regardé jusqu'alors que comme un poste de second rang. Il sentait l'importance de plus en plus grande que prenaient dans la politique générale les relations de la métropole avec les colonies autonomes, et il rêvait d'inscrire son nom d'une manière impérissable dans l'histoire d'Angleterre, en réalisant la Fédération britannique.

Le second jubilé de la reine, en 1897, vint donner un aliment nouveau à l'enthousiasme naissant pour l'empire. L'apothéose de la souveraine fut, cette fois, une véritable apothéose de la race. Les enfants, venus pour cette fête unique de toutes les régions du globe, chantaient leur gloire et leur force en encensant l'aïeule vénérée. La grande revue navale de Spithead, le plus beau déploiement de forces maritimes que l'on eut jamais vu, fut la manifestation solennelle de la puissance matérielle de l'empire.

La présence, à Londres, des ministres des colonies permit de réunir, à dix ans d'intervalle, une seconde conférence coloniale. M. Chamberlain espérait obtenir l'adhésion de ses collègues d'outre-mer à quelque projet qui pourrait servir de base à l'édification de la Fédération. Il fut déçu. Les représentants des colonies refusèrent d'apporter aucune modification aux liens politiques existants et les projets d'union militaire furent écartés, comme en 1887. Les colonies proposèrent, il est vrai, l'établissement de tarifs douaniers préférentiels entre elles et la métropole, mais le sentiment libre-échangiste dominant dans celle-ci empêchait la réalisation d'un semblable projet. La seconde conférence se sépara comme la première, sans avoir abouti.

Parmi les causes d'insuccès, une des principales fut attribuée au nombre même des colonies avec lesquelles il était nécessaire de traiter : les colonies autonomes n'étaient pas moins de onze. L'entente paraissait devoir être plus facile si les colonies unies géographiquement se groupaient en unions fédérales. Le Dominion du Canada, réalisé dès 1867, donnait l'exemple de ces fédérations coloniales. Si la même œuvre était accomplie pour les colonies australiennes et sud-africaines, les partisans de la Fédération impériale espéraient que celle-ci serait rendue plus facile. Après bien des incidents, le Commonwealth d'Australie était enfin créé en 1900. Il réunissait les colonies australiennes, à l'exception de la Nouvelle-Zélande, qui prétextait de son éloignement du continent austral pour conserver son autonomie. La fédération sud-africaine fut plus difficile à réaliser. Les hommes d'État anglais ne la comprenaient que si elle englobait les républiques hollandaises : Transwal et État libre d'Orange, qu'entouraient de tous côtés des territoires britanniques. Le gouvernement anglais avait bien reconnu en 1884, l'indépendance de ces républiques ; il n'avait jamais cessé cependant de les considérer comme soumises à l'influence anglaise. Cecil Rhodes s'efforça vainement d'amener le Transwal à adhérer à une union douanière sud-africaine, qui devait, dans son esprit, préparer la voie à la fédération politique. Il se heurta à l'hostilité du président Krüger. L'échec de la conspiration de Johannesburg et de la malhonnête tentative du Dr Jameson pour provoquer une révolution au Transwal, décidèrent M. Chamberlain à brusquer les choses. La fédération de l'Afrique du Sud lui paraissait une étape nécessaire préalable à l'édification de la Fédération impériale. Les boers refusant de s'incliner, la guerre fut décidée. Elle a été le dernier facteur de l'épanouissement du sentiment impérialiste. Dans ces heures critiques où le peuple anglais vit soulevés contre lui, dans un sentiment de réprobation unanime, tous les peuples de l'Europe continentale et où il put craindre un instant les pires désastres, il ne trouva de réconfort que dans l'aide volontaire que lui prêtèrent le Canada et les colonies d'Australasie. Revenue des angoisses causées par les premiers revers, l'Angleterre en arriva à regarder avec complaisance cette guerre qui permettait aux peuples de l'Empire de montrer au monde le sentiment de loyalisme qui les unit. « Ce que cette guerre a fait, — disait lord Rosebery, — si elle n'a rien fait d'autre, c'est de prouver que l'Empire est une réalité, qu'il a la solidité et la cohésion d'un roc, et qu'il ne se compose pas seulement de membres épars autour du monde... Si, avec tous nos revers, nous avons acquis seulement la preuve que notre Empire est un Empire uni, et par suite, sera à l'avenir un facteur dominant de la politique mondiale, nous avons retiré de la guerre un bénéfice suffisant (1) ».

La guerre Sud-Africaine a rendu l'impérialisme populaire. C'est comme une grande vague sentimentale qui, sous l'empire d'une angoissante appréhension, a agité la population tout entière, de la base au sommet. « Depuis le commencement de la guerre, — écrivait récemment un publiciste anglais, — il y a une rapide dissolution des idées traditionnelles. La nation a été remplie d'un vague mécontentement, pleine d'un profond sentiment d'un manque de sécurité impériale et commerciale, désireuse d'un grand réveil national et d'une rupture décisive avec les habitudes passées (2) ».

Le peuple anglais a senti réellement que la prédominance politique à laquelle l'Angleterre est habituée depuis un siècle lui échappait. Il a entrevu les difficultés qu'elle rencontrera fatalement dans un avenir peu éloigné peut-être, et, tout naturellement, il a embrassé avec enthousiasme cette idée de la constitution d'un Empire britannique, groupant en une union

____

(1) A Chatham, 23 janvier 1900.
(2) Calchas, *Fortnightly review*, septembre 1903.

indissoluble la métropole et les jeunes nations issues d'elle, prêt à défendre le patrimoine légué par les générations antérieures, et capable de conserver dans le monde politique la suprématie que, réduit à ses seules forces, le Royaume-Uni serait dans l'impossibilité de garder.

*   *
*

L'immensité des territoires que l'Angleterre a soumis à sa domination est bien faite pour soulever l'orgueil d'un peuple. Les pays sur lesquels flotte le drapeau anglais ont une superficie plus que triple de l'Europe, et une population sensiblement supérieure à celle-ci ; ils s'étendent dans toutes les parties du monde et sous tous les climats. « Nous possédons, — écrit sir Charles Dilke, — les plus grands greniers à blé, les plus importants marchés de laine, les plus vastes forêts, les plus vastes champs de diamant, (et, depuis l'annexion du Transwaal, les plus riches mines d'or) du monde... Pour les produits alimentaires, nous pourrions certainement, si cela nous plaisait, être entièrement indépendants de tout pays étranger (1) ». Cet empire, cependant, a plus de force apparente que réelle. De ses 400 millions d'habitants, 52 millions seulement sont de race blanche, le reste est formé de populations sujettes : asiatiques et africaines. Le grand danger pour l'empire, c'est le faible chiffre de sa population blanche, sur laquelle repose la lourde charge de la défense d'un domaine aussi considérable. Et ce danger est accentué par ce fait que la défense impériale pèse uniquement sur la métropole, qui ne compte que 41 millions d'habitants. Cette situation n'inquiétait nullement l'Angleterre, il y a une trentaine d'années. Elle était alors la seule puissance mondiale, et sa supériorité navale lui permettait de se regarder comme souveraine sur mer, et de n'appréhender qu'aucun trouble sérieux pût être apporté à ses communications avec ses colonies. Les changements survenus depuis ont considérablement diminué sa sécurité. Sa grande rivale d'autrefois, la France, a reconstitué un empire colonial, mais l'état quasi-stationnaire de sa population met forcément une limite à ses efforts et à son

(1) Sir Charles Dilke : « *Problems of greater Britain* », Introduction.

expansion. Toute autre est la situation de l'Allemagne, des États-Unis, de l'Empire russe. Ceux-ci peuvent mettre déjà au service de leurs aspirations une population bien plus nombreuse que celle du Royame-Uni. L'Allemagne a 56 millions d'habitants, les États-Unis en auront bientôt 80 millions, et, en Europe seulement, la Russie en compte plus de 100 millions. Et la disproportion actuelle va croissant avec rapidité. La population de ces pays augmente plus vite que celle de la Grande-Bretagne, et le taux d'accroissement fut-il le même chez celle-ci, qu'elle n'en serait pas moins condamnée à se voir distancer de plus en plus, par le fait seul que l'augmentation porte chez elle sur un chiffre initial de beaucoup inférieur. C'est là, assurément, pour le Royaume-Uni, un élément d'infériorité considérable dans les luttes futures. En outre, le développement des voies ferrées a mis fin à l'isolement continental qui était le plus grand facteur de la sécurité des possessions anglaises en Asie : celles-ci sont aujourd'hui en contact presque direct avec les avants-postes russes ; tandis que, dans le Nouveau Monde, le Canada serait, le cas échéant, une proie tentante pour les États-Unis.

Enfin, ces puissances ont toutes travaillé à développer leur marine, ou à s'en créer une. L'Allemagne, sans abandonner ses visées européennes, tourne également son activité du côté du domaine maritime et son Empereur essaye de lui persuader que son véritable avenir est sur mer. Les Etats-Unis, restés pendant plus d'un siècle une puissance exclusivement continentale, ont senti naître de nouveaux désirs d'expansion, et ils se hâtent de créer l'instrument qui leur assurera dans le monde la place à laquelle ils prétendent : ils font tous leur efforts pour devenir bientôt la seconde puissance navale. Leurs visées, certainement, ne s'arrêteront pas là. Sans doute, la marine d'aucune de ces puissances n'est encore assez forte pour affronter seule la marine anglaise, mais la coalition possible de deux, peut-être même de trois d'entre elles, mettrait l'Angleterre dans une dangereuse situation. Ainsi, la vulnérabilité de l'Empire britannique s'est considérablement accrue dans ce dernier quart de siècle, et la charge de l'Angleterre a pris des proportions inattendues. «Tandis que nous avons raison d'être fiers du développement de notre langue, de notre commerce, de notre littérature et de nos institutions, il existe cependant une faiblesse actuelle et temporaire, sur laquelle il est nécessaire d'appeler l'attention. Le danger qui nous menace, c'est que les forces énormes du militarisme européen puissent écraser la métropole et détruire l'intégrité de notre empire avant que le développement des jeunes communautés qu'il renferme l'ait rendu trop puissant pour être attaqué. On peut concevoir que, dans un avenir rapproché, la Grande-Bretagne se trouve entraînée dans une guerre où elle recevrait d'une coalition un coup dont elle ne se relèverait pas, et dont la conséquence serait la perte du Canada et de l'Inde, et la proclamation de l'indépendance australienne (1) ». Il y a une dizaine d'années déjà que sir Charles Dilke appelait l'attention de ses compatriotes sur ce danger éventuel : il a fallu les événements de la guerre Sud-Africaine pour donner au peuple le sentiment des difficultés de la tâche qui incombe à l'Angleterre. L'opinion publique a compris l'impossibilité où sera bientôt la métropole de soutenir seule le poids

______

(1 Sir Charles Dilke, *op. cit.*, Introduction.

du fardeau impérial dont elle s'enorgueillit. Pour alimenter ses flottes et son armée, les hommes vont lui faire défaut; bien plus, la dernière guerre a montré que, par suite de la diminution constante de la population rurale, l'Angleterre ne trouve plus chez elle qu'une matière militaire défectueuse. Où la Grande-Bretagne chercherait-elle l'aide qui lui est nécessaire pour assurer sa puissance contre les grands Empires de demain, sinon très naturellement près de ces colonies de population blanche, demeurées fidèles à la mère-patrie, et qui, à la différence de celle-ci, peuvent offrir encore un asile à des millions et des millions d'individus. Ce sont elles qui doivent constituer le réservoir d'hommes dont la race impériale a besoin pour assurer la continuité de sa domination. C'est le sentiment de cette nécessité politique, devinée plus que comprise par la population, mais qui apparaît clairement aux hommes d'État anglais, qui a rendu si populaire dans ces dernières années, l'idée de la Fédération britannique et qui fait si vivement désirer à ceux-ci voir resserrer entre la Grande-Bretagne et la Plus-Grande-Bretagne les liens que les générations antérieures ont imprudemment laissé se relâcher jusqu'à n'être plus en fait que purement nominaux.

La séparation des colonies autonomes serait d'ailleurs pour l'Angleterre un coup très grave porté à sa suprématie maritime, et à la sécurité de son commerce et de son industrie. C'est sur le territoire de ces colonies que sont situées quelques-unes de ses bases navales les plus importantes. Au Canada : Halifax, sur l'Atlantique ; Esquimalt, sur le Pacifique. Dans l'Afrique du Sud : Capetown et Simon's bay. En Australie : King George's Sound, Thursday Island, Sidney. Devenues indépendantes, ces colonies n'autoriseraient assurément pas l'Angleterre à continuer à occuper ces points stratégiques, nécessaires à leur sécurité personnelle. Et la proclamation de l'indépendance ou de la neutralité de l'une d'elles, à la veille d'un conflit général, viendrait compromettre le système de défense laborieusement élaboré pendant la paix et placer l'Angleterre dans une situation critique. Ces bases navales ne sauraient, à l'heure actuelle, être remplacées par d'autres, et elles sont indispensables à la Grande-Bretagne pour assurer non seulement la protection de sa marine marchande, mais encore son ravitaillement en matières premières et en produits alimentaires, pour lesquels elle est à la merci du monde extérieur. « Pour le Royaume-Uni, la sécurité de ses approvisionnements en produits alimentaires et en matières premières est une nécessité vitale, et c'est la possession de bases navales dans toutes les mers qui contribue largement à cette sécurité. Si l'Australie, par exemple, était indépendante, et une nation étrangère, bien qu'amie, ses ports, ses docks, ses stations de charbon ne seraient ouverts aux navires anglais, dans une guerre où la Grande-Bretagne serait engagée, qu'aux mêmes conditions qu'aux navires de ses ennemis. Tandis que si l'Australie était en guerre avec une autre puissance, l'Angleterre étant neutre, celle-ci ne pourrait empêcher le blocus des ports australiens, qui nous priverait de notre source la plus importante d'approvisionnement pour la laine. Si, au lieu de l'Australie, nous supposons le Canada indépendant, les résultats seraient les mêmes, avec cette différence, qu'au lieu de la laine, c'est le blé qui nous ferait défaut... Enfin, supposons l'Afrique du Sud indépendante. Nous sommes en guerre, et elle est neutre : la flotte de notre ennemi peut faire ce qui lui est impossible maintenant : s'approvisionner au Cap et partir de là pour attaquer l'Inde ou l'Australie (1) ».

La nécessité politique engage donc l'Angleterre à faire son possible pour prévenir l'émancipation complète de ses colonies autonomes. Ce n'est que dans une union intime avec ces jeunes nations, dans la réalisation de ce grand rêve d'une Fédération impériale, qu'elle peut entrevoir la possibilité de conserver la suprématie qui a fait son orgueil et a été un des éléments de sa richesse au cours du siècle dernier. Si ce projet n'était qu'une chimère, un vain rêve, la Grande-Bretagne verrait diminuer rapidement sa situation dans le concert des nations mondiales, sa grandeur serait irrémédiablement atteinte, sa fortune économique elle-même se trouverait compromise.

Les raisons politiques ne sont pas seules à militer en faveur de la Fédération. L'augmentation constante et considérable des dépenses rend un allégement nécessaire pour le contribuable anglais : ne serait-il pas naturel de la

____

(1) **Admiral sir John Colomb**, dans *Britannic confederaion*, p. 22.

part des colonies autonomes de participer aux frais de la défense impériale pour une part proportionnelle aux avantages qu'elles en retirent? Enfin, plus récemment encore, l'intérêt économique a été invoqué au nom de la même politique. Le développement général du système protecteur, la concurrence de plus en plus grande que rencontrent les industriels anglais sur les marchés coloniaux britanniques, sur le marché métropolitain même, ont amené une vive réaction contre les idées libre-échangistes, et favorisé un mouvement pour substituer une politique de tarifs préférentiels entre les diverses parties de l'empire, à l'indépendance douanière existant à l'heure actuelle. Après avoir étudié le mouvement impérialiste et ses causes politiques, il nous faut étudier les nécessités financières et les raisons économiques qui paraissent rendre également désirable la Fédération impériale.

CHAPITRE II

L'évolution financière

Les dépenses de l'Angleterre se sont accrues durant les trente dernières années d'une manière continue et dans des proportions considérables. La dernière décade surtout, a vu un développement extraordinaire des dépenses militaires et navales. L'importance de ces augmentations, les perspectives qu'offre l'avenir font comprendre combien doit être grand le désir des contribuables anglais de voir alléger leur fardeau, grâce à une contribution équitable des grandes colonies qui ne participent jusqu'à présent, que d'une manière infime aux dépenses communes de l'Empire.

Suivant le *Statistical abstract* (1), les dépenses

(1) Nous nous sommes principalement servi pour ce chapitre, indépendamment des *Statistical abstracts*, des *Finance accounts* et des *budget-speeches* des chanceliers de

pour l'année financière 1873-74 s'élevaient à 1.880 millions de francs. Dans ce total figurent, il est vrai, deux dépenses extraordinaires : une somme de 80 millions et demi, montant de l'indemnité payée aux Etats-Unis en réparation des dommages causés par le navire confédéré l'*Alabama* pendant la guerre de Sécession, et une somme de 20 millions, crédit voté pour la guerre contre les Ashantees. En déduisant ces sommes du chiffre précédent, les dépenses ordinaires, pour cette année, ressortent à 1.780 millions de francs.

Pour l'année fiscale 1902-03, ces mêmes dépenses s'élèveraient, suivant le *Statistical abstract*, à 3.340 millions. Mais ce chiffre, qui paraît cependant fort élevé, ne permet pas de mesurer exactement l'accroissement du budget ; il ne peut être comparé à celui donné pour 1873-74. Une note, mise au bas du tableau des dépenses impériales, met le lecteur en garde contre cette erreur facile à commettre. Rien

l'Échiquier, ainsi que des ouvrages de : S. Dowell, *History of taxation* ; S. Buxton, *Finance and politics*, 1783-1885 ; et des articles de A. Calmon, *Finances anglaises, 1842-1870 Revue des Deux-Mondes*, 1870) ; Joseph Ackland, *25 years financial policy* (*Fortnightly review*, juin 1893) ; A***, *Twenty years' finances* (*The Times*, février-mars 1899).

n'est délicat, en effet, comme les comparaisons de ce genre faites à des époques assez éloignées les unes des autres. Il est rare que, dans l'intervalle, quelque modification n'ait pas été apportée dans la manière d'exposer les comptes. Rarement aussi, ces changements ont pour effet de grossir les chiffres aux dépens des dernières années. Presque toujours, au contraire, le résultat est d'escamoter aux yeux du public un accroissement sur lequel on ne désire pas attirer son attention.

Dans le montant des dépenses de 1873-74 figurent, pour une quarantaine de millions, des subventions accordées à divers titres par le gouvernement impérial aux administrations locales. Dans le chiffre donné par le *Statistical abstract* pour le budget de 1902-03, sont aussi comprises, pour une centaine de millions, des subventions analogues. Mais à celles-ci sont venues s'ajouter depuis 1889, d'autres subventions, bien plus importantes, et dont le chiffre ne se trouve que quelques pages plus loin. La raison alléguée pour les distraire ainsi du budget impérial est que, au lieu d'être prises sur les ressources totales du budget, elles proviennent d'abandons successifs faits en vertu de lois spéciales d'une portion fixe de certains impôts impériaux. Il n'en est pas moins vrai que, pour comparer les chiffres des dépenses aux deux époques choisies, force est bien de faire entrer ces sommes en ligne de compte ; quelle que soit leur destination ultérieure, les contribuables les paient sous la forme d'impôts impériaux aux agents du gouvernement impérial, et rien ne les différencie, en définitive, des autres subventions. C'est, de ce chef, une somme de 244 millions à ajouter aux dépenses pour 1902-03, dont le total se trouve ainsi porté à 3.584 millions de francs.

Nous voilà loin de la modeste somme de 1.250 millions, que John Bright regardait en 1850, comme un maximum qu'aucune raison en devrait jamais permettre de dépasser. « Aucun homme politique, — disait-il, — ne serait digne du titre d'homme d'État, qui ne parviendrait pas à gouverner le pays avec une dépense de 50 millions de livres sterling ». Bien des hommes politiques se sont succédé au pouvoir depuis cette époque, aucun parmi les plus grands, parmi ceux-là mêmes auxquels n'a pas été refusé le titre d'hommes d'État, n'a eu la force nécessaire pour s'opposer au flot toujours croissant des dépenses dont l'augmentation, pendant ce dernier quart de siècle seulement, a été supérieure à un milliard de francs.

Ce dernier chiffre est cependant quelque peu grossi, et nécessite une légère correction. Dans les chiffres de dépenses donnés plus haut figurent, pour les deux années, celles afférentes aux services postaux. Or, si le coût de ces services s'est fort accru, l'augmentation a été plus que compensée par l'élévation correspondante de leurs recettes. Pour connaître le montant réel de l'accroissement des dépenses, il est donc juste de défalquer l'augmentation provenant de ces services rémunérateurs, soit 240 millions environ. L'augmentation réelle des dépenses, de 1873-74 à 1902-03, ressort ainsi à 1.560 millions environ, soit un peu plus de 87 0/0.

A cette somme, les services militaires ont contribué pour 932 millions, — les services civils pour 380, — et les subventions aux administrations locales pour 244. L'examen de ces trois natures de dépenses va nous permettre de voir la marche et les causes de l'augmentation.

A tout seigneur, tout honneur. Commençons par les dépenses militaires.

Après les guerres de la Révolution et de l'Empire, l'Angleterre, de même que les autres puissances européennes, avait pu réduire considérablement ses dépenses militaires. Il lui avait été cependant impossible de revenir aux modestes effectifs antérieurs : ses acquisitions coloniales nouvelles lui rendaient nécessaire le maintien de forces militaires plus importantes. En 1814, elle avait sous les armes 345.000 hommes de troupes de terre, et elle entretenait 145.000 hommes sur ses vaisseaux. En 1828, après douze années de paix, ses troupes de terre étaient réduites à 116.000 hommes. Cette armée lui coûtait annuellement 220 millions de francs ; c'était à peu près le double de ce qu'elle dépensait pour le même service en 1792. Les dépenses de la marine avaient subi une augmentation plus grande encore. En 1790, la marine coûtait 55 millions ; en 1828, elle en absorbait plus de 150.

De 1816 à 1853, la moyenne des dépenses militaires se maintint entre 375 et 400 millions de francs par an. La guerre de Crimée fut le commencement d'une ère nouvelle pour le développement du militarisme en Europe. L'Angleterre ne demeura pas en arrière ; elle éleva rapidement les effectifs de son armée et de sa marine. Au même moment, les navires à vapeur remplacèrent dans les escadres les anciens voiliers ; puis les bateaux en bois, obligés de céder le pas aux navires en fer, allèrent moisir dans les arsenaux, ou ne furent plus employés que dans les stations lointaines ; dans l'artillerie, les pièces légères employées jusqu'alors furent remplacées par des pièces d'un calibre supérieur. Cet accroissement des forces, ces transformations se traduisirent fatalement par une augmentation du chiffre des dépenses, et en 1869-70 l'Angleterre inscrivait à son budget 540 millions pour ses services militaires : 300 pour l'armée, 240 pour la marine.

Ces dépenses s'élevèrent encore après la guerre franco-allemande, à la suite de laquelle s'établit en Europe l'état de paix armée qui pèse si lourdement sur les nations même les plus riches. En 1873-74, l'armée et la marine réunies coûtaient à l'Angleterre 590 millions. Depuis lors, chaque année ajoute au fardeau antérieur. C'est par sauts et par bonds qu'augmentent les dépenses de ce chef. En 1893-94, elles figurent au budget pour 800 millions environ : en vingt ans, l'augmentation avait été de plus d'un tiers. Autrement considérable a été l'accroissement pendant la décade suivante. En 1902-03, ces dépenses dépassent 1.500 millions, et les prévisions pour 1903-04 donnent un chiffre supérieur à 1.600 millions : en dix ans, ce chapitre a doublé (1). Et ce serait être bien optimiste que de prévoir un arrêt, surtout pour la marine, de ce développement ininterrompu.

Dans quelle proportion l'armée et la marine ont-elles contribué au développement de ces dépenses depuis 1873 ?

L'armée qui, en 1873-74, ne coûtait que 340 millions, en coûtait, en 1902-03, 741. Cet accroissement est dû, pour la plus grande part, aux dépenses pour la construction de fortifications nouvelles, et aussi aux nombreuses améliorations apportées à la vie des soldats. L'effec-

(1) *Accroissement des dépenses pour l'armée et la marine (crédits votés ; millions de francs).*

	1873-74	1883-84	1893-94	1902-03	1903-04 (estimates)
Armée.	337.3	397.1	448.5	741.3	750.0
Marine.	251.5	263.9	351.2	770.2	861.4
Total..	588.8	661.0	799.7	1.520.5	1.611.4

Ces chiffres ne comprennent que les dépenses ordinaires.

tif des troupes est loin, en effet, d'avoir augmenté dans les mêmes proportions que les dépenses. En 1869, on estimait à 180.000 hommes l'effectif de l'Angleterre sur le pied de paix ; il est aujourd'hui de 235.000 (1). Cette armée, dont l'entretien pèse d'un poids si lourd sur le contribuable, et que le système des engagements et le service aux colonies, particulièrement aux Indes, contribuent à rendre plus coûteuse que les armées continentales, est actuellement l'objet de vives et sérieuses critiques. La guerre Sud-Africaine a révélé la nécessité d'une réforme profonde. Tout récemment, le secrétaire d'Etat pour la guerre a indiqué l'esprit qui devait guider à l'avenir le *War Office* : « Jusqu'à présent, la Grande-Bretagne a toujours été la dernière relativement aux armements militaires. Il ne peut plus en être ainsi. Si quelqu'une de nos dépendances est attaquée, il faut que nous soyons capables de frapper aussi vite, sinon plus vite qu'aucune autre puissance (2) ». Il sera donc nécessaire d'augmenter le nombre

______

(1) Ce chiffre ne comprend pas les 75.000 hommes servant aux Indes, dont les dépenses figurent au budget de l'Empire Indien.

(2) Colonial conference, 1902. *Blue book*, Cd. 1299, p. 32.

des troupes régulières; il faudra travailler à rendre plus aptes au devoir qui peut leur incomber un jour la milice et la yeomanry, mesures qui toutes viendront certainement accroître les charges budgétaires, quelque puisse être à cet égard l'optimisme officiel.

Bien plus forte encore a été la progression des dépenses pour la marine : celles-ci, dans le même laps de temps, ont plus que doublé. En 1873-74, elles étaient de 250 millions; en 1893-94, elles atteignaient 350 millions; les prévisions pour 1903-04 les évaluent à 860 millions. La force permanente a été portée de 76.700 hommes en 1893, à 127.100 en 1903.

Dans son effort continu pour conserver la suprématie navale et s'assurer une prépondérance certaine sur les flottes réunies d'au moins deux puissances étrangères, l'Angleterre, au prix de ces sacrifices considérables, a-t-elle réussi? Sans mettre en doute la puissance de leur marine, et bien qu'ils soient convaincus de pouvoir maintenir longtemps encore leur supériorité maritime, nos voisins ne sont pas sans manifester quelque inquiétude devant l'importance des sacrifices que s'imposent de leur côté leurs adversaires éventuels. La discussion du budget de 1902 a été significative à cet égard. Le programme des constructions navales, malgré son importance (1), a soulevé de vives critiques, de la part des libéraux eux-mêmes. Sir Charles Dilke l'a qualifié de « misérable », et a reproché au gouvernement « la presque grotesque insuffisance de ses plans ». M. Asquith a déclaré que « la seule mesure des dépenses navales sont les besoins de l'Empire », et que ces besoins doivent êtres estimés « non d'après la population, la richesse, ou l'activité commerciale, mais d'après les risques auxquels l'Empire est exposé ». Or, ces risques se sont considérablement accrus dans les dernières années : « L'Empire a été fort augmenté, et le nombre des points qu'il faut protéger est bien plus grand qu'autrefois. L'Angleterre qui n'avait pas de rivaux maritimes en a vu naître. La marine fançaise s'est développée par sauts et par bonds. La flotte russe s'est accrue d'une façon appréciable, et la marine allemande

(1) En 1901, 49 navires étaient sortis des chantiers ; l'Amirauté proposait d'ajouter en 1902, 27 navires nouveaux, aux 60 en cours d'achèvement.

négligeable il y a quelques années, est devenue formidable. A l'est comme à l'ouest, on constate des progrès analogues (1) ». Aussi, la fameuse formule suivant laquelle, pour assurer à l'Angleterre la domination de la mer, il suffisait que sa flotte fut égale aux flottes réunies des deux puissances maritimes les plus importantes, — *the two-powers standard*, — ne présente plus aujourd'hui qu'un minimum de sécurité. Suivant sir Charles Dilke, l'Amirauté doit envisager « l'alliance possible de trois puissances, dont l'une est en train de construire une flotte magnifique ». Et lord Goschen, qui a été par deux fois premier lord de l'Amirauté, a donné l'année dernière son adhésion à cette opinion nouvelle: « Nous avons dépassé le *two-powers standard* parce que, à mesure que les autres puissances augmentent leur marine, bien qu'elles ne doivent vraisemblablement pas se trouver unies contre nous en cas de guerre, tout gouvernement britannique doit tenir compte de ce fait, et parce que une des leçons que nous a apprises la guerre Sud-Africaine c'est que des questions gênantes pouvaient

(1) Aux Communes.

s'élever, nous mettant dans l'obligation de surveiller les neutres (1) ».

A ce formidable accroissement des dépenses militaires, les deux grands partis politiques ont également participé. De 1869 à 1874, période pendant laquelle les libéraux furent au pouvoir la moyenne de ces dépenses avait été de 580 millions. Sous le gouvernement conservateur de Disraeli, de 1874 à 1880, cette moyenne s'éleva à 680 millions. De 1880 à 1886, pendant la gestion des libéraux, elle passa à 760 millions. A leur retour au pouvoir, de 1886 à 1892 les conservateurs la portèrent à 800 millions. Sous le dernier gouvernement libéral, de 1892 à 1896, elle s'est élevée à 895 millions ; enfin, le gouvernement unioniste qui, depuis cette époque, dirige les affaires du pays, lui a fait dépasser un milliard et demi. Pour si lourd que paraisse un semblable fardeau, tous, libéraux aussi bien que conservateurs, sont prêts à l'augmenter encore si la nécessité en est reconnue. Il y a cinq ans à peine, sir Henry Fowler (2), ardent libéral, après avoir passé rapidement en revue les principales dépenses impériales, déclarait nette-

____

(1) A la Chambre des Lords, 24 mars 1903.
(2) A Willenhall, 7 avril 1899.

ment se séparer du petit nombre de radicaux opposés à l'élévation des crédits pour la marine. Il a rappelé les paroles de Cobden, le grand radical, qui était si convaincu de la nécessité pour l'Angleterre de conserver une suprématie navale incontestée, qu'il se déclarait prêt plutôt que de la lui voir perdre, à voter un crédit de 100 millions de liv. st. (deux milliards et demi de francs) pour prévenir une semblable calamité. Sans doute, les libéraux s'opposent plus énergiquement que les conservateurs à l'accroissement continu de cette nature de dépenses, mais les causes qui y poussent sont trop puissantes, les dangers qu'une malencontreuse parcimonie ferait courir, trop grands, pour qu'ils puissent l'entraver entièrement.

Après avoir entendu les critiques que soulève la situation actuelle, et l'exposé des réformes regardées comme inévitables, il est bien difficile de ne pas regarder comme vraisemblables les prévisions de sir Robert Giffen qui entrevoit le moment où l'armée et la marine absorberont annuellement 2 milliards (1).

Les services civils ont contribué aussi pour

(1) Lettres au *Times*, janvier 1902 : *The financial outlook*.

une forte part, à l'augmentation des dépenses.

En 1873-74, ils entraient pour 320 millions de francs dans le total des dépenses ; en 1902-03, ils ont dépassé 650 millions. Une partie de cette augmentation provient, sans doute, des élévations de traitements accordées pendant cette période au personnel, et du développement de certains services anciens, mais la plus grande part en est due aux services nouveaux très nombreux dont a été chargé, dans ces dernières années, le gouvernement impérial.

Le plus important de ces services, celui qui a entraîné l'augmentation de dépenses de beaucoup la plus considérable, est le service de l'éducation, création jeune encore, et qui est loin d'avoir atteint son plein développement.

C'est en 1833 que le Parlement manifesta pour la première fois, sous une forme matérielle, l'intérêt qu'il portait à la question de l'éducation populaire. Il le faisait par l'octroi d'une faible subvention de 500.000 francs à deux associations privées qui s'en occupaient particulièrement. En 1838, cette subvention était portée à 750.000 francs par an. L'année suivante, un « département de l'éducation » était créé. Mais ce n'est qu'à partir de 1867 que l'attention publique se porte de plus en plus sur cette question, et que les dons du gouvernement, destinés à venir en aide aux corps locaux et volontaires qui, jusqu'alors, soutenaient presque uniquement de leurs deniers les écoles, prennent une réelle importance. En 1870, enfin, la loi Forster engage définitivement l'État dans une voie nouvelle. Elle décidait l'établissement d'écoles, aux frais de l'Etat, dans tous les districts où la diffusion de l'instruction était reconnue insuffisante. Les dépenses nées de cette loi s'accrurent rapidement En 1873-74, c'est pour près de 50 millions que sont inscrites au budget les dépenses afférentes à l'instruction publique. Dès 1888-89, elles y figurent déjà pour 120 millions. La loi de 1891, en adoptant le principe de la gratuité de l'éducation, a été une cause nouvelle d'augmentation de ces dépenses qui, dans le budget de 1902-03, s'élevaient à 325 millions. En dépit de leur rapide accroissement, d'ailleurs, aucun dissentiment n'existe entre les partis politiques quant à leur nécessité. Un récent rapport du Conseil de l'éducation (1) traduit bien l'una-

______

(1) Rapport pour 1898; cité par Macnamara, *Fortnightly review*, juin 1899.

nimité de l'opinion sur l'utilité économique de ces dépenses : « Un excellent système d'éducation publique est une des formes les meilleures de placement national. Dans le développement des aptitudes industrielles et commerciales, dans l'élévation du sentiment des devoirs civiques, et, plus encore, dans la diffusion de plus en plus grande de la culture morale et du sentiment religieux, le pays trouve amplement la compensation de ses sacrifices ».

Il est certain que ces dépenses continueront à augmenter encore avec rapidité. A la gratuité de l'instruction, un parti de plus en plus nombreux désire voir ajouter la gratuité des livres d'étude nécessaires aux écoliers, et l'octroi à ceux-ci d'au moins un repas gratuit pendant les heures d'école. D'autres demandent que l'État s'intéresse plus qu'il ne l'a fait jusqu'ici à l'instruction technique, et contribue largement à la création d'écoles professionnelles et commerciales, voie dans laquelle l'Angleterre s'est laissé distancer depuis plusieurs années déjà par d'autres pays, en particulier par sa grande rivale sur le terrain économique, l'Allemagne.

Aux dépenses d'éducation sont venues s'ajou-

ter, dans ces dernières années, celles que nécessite l'application des lois hygiéniques et
des lois ouvrières, dont le nombre s'accroît
presque à chaque session.

Quel que soit le parti politique au pouvoir,
il ne pourra que se laisser aller au courant
qui entraîne dans le même sens tous les pays.
La preuve ne s'en fera peut-être pas attendre.
La question des retraites ouvrières est agitée
depuis plusieurs années déjà. Il sera difficile
de l'écarter indéfiniment, et quelque solution
que l'on adopte, il est peu vraisemblable que
l'État ne doive y contribuer d'une manière importante. Voilà en perspective une de ces
charges nouvelles qui deviendront, à leur tour,
rapidement très lourdes. Et il ne faut pas oublier que si les libéraux sont opposés à l'augmentation des dépenses militaires et navales,
leur doctrine politique les entraîne, par contre,
à pousser au développement des mesures destinées à assurer le bien-être des classes labo-
rieuses et à améliorer l'hygiène publique.

Parmi les services civils, il est encore un
chapitre qui s'est fort développé pendant ces
trente dernières années et qui, grâce à la politique conquérante de l'Angleterre à notre

époque, ne saurait demeurer longtemps à son taux actuel : c'est le chapitre des services coloniaux et des dépenses de protectorat. En 1873-74, ces dépenses ne figuraient au budget que pour 2 millions et demi de francs à peine. En 1902-03, elles sont portées pour 75 millions (1).

C'est également dans ce dernier quart de siècle que les subventions accordées sur les fonds de l'Échiquier impérial aux administrations locales ont pris un grand développement. La taxation locale est, en Angleterre, des plus défectueuses : la répartition des charges entre le gouvernement central et les gouvernements locaux aurait besoin d'être profondément remaniée. Les libéraux et les conservateurs ont reconnu tour à tour la nécessité d'une réforme radicale en cette matière. Jusqu'ici, cependant, ni les uns ni les autres n'ont osé aborder cette réforme importante, et c'est ainsi qu'on a

(1) *Augmentation des dépenses des services civils (millions de francs).*

	1873-74	1883-84	1893-94	1902-03	1903-04 (estimates)
Services civils (total).	320.0	467.0	492.0	650.0	664.0
Education, sciences et art	50.0	111.5	225.0	326.0	363.0

continué et aggravé le simple, mais défectueux palliatif des subventions. En 1873, celles-ci, nous avons déjà eu l'occasion de le dire, ne figuraient au budget, perdues au milieu de l'ensemble des services civils, que pour une quarantaine de millions. L'année suivante, le ministère Disraeli doublait presque ce chiffre. En 1877, sous le même ministère, le coût et les frais d'entretien des prisons étaient transférés au budget impérial. En 1882 et 1887, le chiffre de ces crédits est encore élevé. Puis, en 1888, M. Goschen, alors chancelier de l'Echiquier, fait adopter, en même temps qu'une loi sur le gouvernement local, la mesure nouvelle qui devait se développer d'une manière si inattendue. On avait espéré un moment qu'il profiterait du vote de cette loi organique pour modifier profondément le système de la taxation locale mais il recula devant cette tâche et il se borna à proposer l'abandon aux autorités locales d'un tiers du produit du *probate duty*. Ce mode de procéder a été étendu successivement, en 1890 et en 1896, à d'autres impôts.

Le montant des paiements faits aux autorités locales par l'Echiquier impérial, du chef de ces abandons d'impôts, s'est élevé en 1901-02, à 243 millions. Comme il figurait, en outre, dans l'ensemble du budget, une somme d'une centaine de millions, représentant les charges successivement transférées des fonds locaux au fonds impérial, c'est de plus de 300 millions que s'est augmenté, en réalité, le chiffre des subventions accordées aux administrations locales par le gouvernement impérial. Si la raison principale en est une mauvaise répartition des charges entre les deux administrations, il en est une autre, moins visible, niée souvent, qui a cependant plus d'une fois joué un rôle. La presque totalité des taxes locales portent sur la propriété ; or, le développement considérable pris par les services du gouvernement local en a rendu la charge de plus en plus pesante, et cette charge s'est trouvée aggravée encore dans les districts ruraux par la crise agricole. C'est alors que les propriétaires ont demandé au gouvernement impérial de lui venir en aide, et celui-ci n'y a point failli quand les conservateurs se sont trouvés au pouvoir.

Cet accroissement continu des dépenses n'est pas sans causer de sérieuses inquiétudes, mais il semble à peu près vain de vouloir en arrêter l'essor. Peu de temps avant de quitter le pouvoir, lord Salisbury faisant allusion à ce sujet, disait mélancoliquement, à la Chambre des lords : « Tout ce que nous pouvons espérer, c'est de saisir toutes les occasions où, sans nuire aux intérêts et à l'honneur de notre pays, nous pouvons résister et mettre quelque entrave à ce flot de dépenses qui, j'en conviens absolument, est un des plus grands dangers qui nous menacent (1) ». Danger d'autant plus sérieux, que les dépenses locales augmentent de leur côté avec rapidité (2), et que l'on peut se demander si une charge pareille infligée aux contribuables n'aura pas finalement pour effet d'entraver l'essor économique même du pays. Avec quelle satisfaction les contribuables métropolitains ne verraient-ils pas les « nations-sœurs » accepter de prendre une part de ce fardeau plus pesant chaque année ? A coup sûr,

(1) 23 juillet 1901.

(2) Suivant les enquêtes sur la taxation locale, dont les rapports ont été publiés en 1871, 1893 et 1902, le montant des *rates* s'est élevé de 400 millions de francs environ en 1868, à 693 millions en 1890, pour atteindre près de 1 milliard en 1898. Sans doute, cette élévation est due en partie à l'accroissement de la population, mais elle a été plus vite que celle-ci, car le montant par tête a passé, pendant le même temps, de 24 francs 3), à 30 francs 90.

il n'est pas un ancien chancelier de l'Échiquier qui n'ait sympathisé avec sir Michael Hicks-Beach, le jour où, tandis qu'il gérait encore les finances du Royaume-Uni, il exprima publiquement les regrets que lui causait l'absence d'un Échiquier impérial : « L'Empire s'est développé ; ce développement a exigé des dépenses croissantes. Comment y subvenir ? Tout le monde répondra : au moyen d'un trésor impérial. Je voudrais qu'il y en eût un (1) ». Mais ce désir ne peut recevoir satisfaction que si la Fédération se réalise, ou si, tout au moins, on trouve une forme d'union ou une base d'entente acceptable à la métropole et aux colonies.

Pour faire face à cet accroissement considérable des dépenses ordinaires pendant les trente dernières années, l'augmentation naturelle du produit des impôts, due au développement de la population et plus encore à celui de la richesse, qui a été considérable depuis 1870, et dont les effets se sont répercutés dans toutes les

______

(1) A la Chambre de commerce de Liverpool, 24 octobre 1900.

classes de la société, a été d'un grand secours, mais elle n'a pas suffi. Les réductions opérées sur le service de la dette avaient permis de disposer d'une centaine de millions ; les emprunts nécessités par la guerre Sud-Africaine ont ramené, en trois ans, ce chapitre à un chiffre supérieur à ce qu'il coûtait en 1873. Le service de la Dette figurait au budget de 1873-74 pour 670 millions de francs. En 1875, sir Stafford Northcote fit décider l'inscription au budget, pour ce service, — compris, on le sait, dans le « fonds consolidé », qui échappe au vote annuel du budget, — d'une somme fixe. L'excédent de cette somme non utilisé pour le paiement des intérêts et la gestion de la Dette devait être affecté à l'amortissement. Un certain nombre d'annuités imputées sur ce crédit devant expirer à des périodes assez proches, les commissaires de la Dette verraient ainsi augmenter automatiquement les sommes mises à leur disposition pour le rachat des titres de la Dette publique. Primitivement de 700 millions, cette somme fixe a été ramenée successivement à 650 millions en 1887, puis à 625 millions en 1889. A ces deux dates, M. Goschen, obligé de faire face à des augmentations de dépenses, préféra réduire l'amortissement, plutôt que de faire appel aux contribuables. La dernière réduction était d'ailleurs justifiée par la grande conversion qu'il avait su mener à bien en 1888 (1). Une nouvelle réduction effectuée en 1899 par sir Michael Hicks-Beach a ramené à 575 millions (2) la somme fixe affectée au service de la Dette (3). A cette somme, s'ajoutent maintenant une centaine de millions, montant des intérêts de la dette contractée pendant les quatre dernières années.

Le développement de la richesse publique a permis à l'Angleterre de continuer pendant le dernier quart de siècle, malgré les charges de plus en plus lourdes auxquelles le trésor a dû

----

(1) La conversion de 1888, en abaissant de 3 p. 100 à 2 3/4 p. 100 l'intérêt des Consolidés fit réaliser au budget une économie annuelle de 35 millions. Une économie de même somme a été réalisée en 1903, par la diminution automatique, prévue par les termes mêmes de la conversion de 1888, du taux d'intérêt, qui a été de nouveau abaissé de 2 3/4 p. 100 à 2 1/2 p. 100.

(2) Pour justifier cette réduction, sir Michael Hicks-Beach a invoqué le coût élevé de cet amortissement, les Consolidés étant à l'époque cotés au-dessus du pair, et l'importance du crédit restant, malgré la réduction, affecté à ce service sous la forme d'annuités terminables.

(3) Les dépenses nécessitées par la guerre Sud-Africaine ont obligé de suspendre l'amortissement pendant deux années de suite : en 1900-01 et 1901-02.

pourvoir, l'évolution fiscale commencée dès le début du XIXe siècle. Tandis que vers 1820, la taxation pesait pour la plus grande part sur les consommations, frappant les produits de première nécessité plus encore que les articles de luxe, et ne portant que faiblement sur la propriété, aujourd'hui, les impôts sur la propriété figurent dans les recettes budgétaires pour une part presque égale à celle des impôts sur les consommations.

Cette réforme considérable est le résultat de la transformation politique survenue en Angleterre pendant cette même période. L'aristocratique Angleterre du début de ce siècle a fait place à une Angleterre démocratique nouvelle, qui marque de plus en plus de son empreinte toutes les institutions, et surtout, comme il est naturel, le régime des impôts.

Mais l'accroissement des dépenses pendant les dix dernières années a mis un terme à la politique qui consistait à demander tous les suppléments de ressources aux impôts sur la propriété. Force a été de recourir de nouveau à des droits de consommation que l'on croyait pour toujours disparus. Et c'est précisément le retour à l'un de ces anciens impôts, qui a

amené de la part du Canada une demande
d'exemption pour ses produits, demande qui a
soulevé la question de l'établissement d'un
système de droits préférentiels dans l'Empire,
et du même coup fait entrer la question de la
Fédération britannique, restée jusqu'alors dans
le domaine théorique, dans celui de la politique pratique.

Pour bien comprendre l'importance de l'évolution fiscale depuis 1875, et l'embarras où se
trouvent les financiers anglais à l'heure actuelle,
il est nécessaire de remonter rapidement jusqu'à
l'origine de cette évolution, commencée presque au lendemain des guerres napoléoniennes.

La lutte entreprise par l'Angleterre contre
Napoléon Ier l'avait obligée à faire appel à
toutes ses ressources, et les classes riches
s'étaient soumises à l'income-tax proposé par
Pitt, avec l'idée de le rejeter après la guerre.

En 1815, sur un total de 1.850 millions ré-
clamés par l'impôt, 725 millions, soit 40 0/0,
provenaient des droits frappant la propriété.
Les dégrèvements effectués après le retour de
la paix ne portèrent pour la plus grande part
que sur les impôts qui atteignaient la propriété. Sur un total d'environ 600 millions de

dégrèvements opérés de 1816 à 1829, plus de 450 millions bénéficièrent aux impôts directs, dont 350 environ à l'income-tax. Des 150 millions dont étaient dégrevés les impôts indirects, 110 seulement intéressaient directement les classes populaires : 40 environ, affectés au droit sur le sel, complètement aboli en 1825, et 65 affectés au droit spécial additionnel établi sur le malt pendant la guerre.

Vers 1830, les impôts de consommation contribuaient pour 78 0/0 environ au total des recettes, tandis que les impôts sur la propriété n'y contribuaient plus que pour 22 0/0. En quinze ans, leur part respective avait été fortement modifiée ; mais, à cette époque, de vives réclamations en faveur d'une réforme financière se faisaient entendre. Elles venaient des membres de la nouvelle classe industrielle à laquelle avaient donné naissance les inventions mécaniques de la fin du XVIIIe siècle. Leur richesse, qui se développait rapidement, leur permettait de prendre dans la société une place de plus en plus importante. Ils se refusaient à subir davantage le joug de la petite oligarchie rurale qui gouvernait encore en souveraine et profitait de son autorité pour rejeter le principal poids des charges fiscales sur les autres classes de la société. Ils supportaient surtout avec impatience la politique commerciale qui, au grand avantage des propriétaires fonciers, frappait les matières premières de droits exorbitants à leur entrée sur le territoire britannique, et entravait ainsi le développement de l'industrie et du commerce.

Pour agir efficacement sur cette politique, les classes industrielles et commerciales n'avaient qu'un moyen : conquérir le droit de participer au gouvernement. Elles l'obtinrent par la réforme électorale de 1832, et s'empressèrent d'en profiter pour modifier le système fiscal dans le sens qui leur parut devoir être le plus profitable pour elles. Dans son *Traité de la Réforme financière*, publié en 1830, et qui fit beaucoup de bruit, sir Henry Parnell, plus tard lord Congleton, se fit le propagateur des idées nouvelles dans les classes manufacturières. Il demandait le rappel de tous les droits imposés sur les matières premières, et de ceux qui, frappant des produits achevés, tels que les droits sur le verre, le papier, les étoffes imprimées, entravaient la liberté de l'industrie. Il réclamait aussi une réduction des droits sur les spiritueux et le tabac, afin d'arrêter la contrebande, sollicitée par leur exagération. Ces projets furent agréés par les parlements issus de la réforme de 1832, et les revisions successives du tarif douanier, effectuées en 1842, 1845, 1853 et 1860, réalisèrent les *desiderata* des classes industrielles et commerciales. En trente ans, la vieille politique protectionniste avait fait place à la politique du libre-échange, la doctrine nouvelle enseignée par l'école de Manchester.

Cette première grande réforme n'eut, à aucun degré, le caractère démocratique. Pour la réaliser, dans l'impossibilité où l'on était de relever les droits déjà exagérés qui frappaient les objets de grande consommation, il fallut, il est vrai, conserver l'income-tax, l'impôt détesté des classes riches, et surtout des grands propriétaires fonciers. Mais on ne doutait pas, et les chanceliers de l'Echiquier qui se succédèrent à cette époque ne cessèrent de le répéter, que, la réforme en cours une fois accomplie, les résultats qu'on en attendait réalisés, l'income-tax devrait disparaître à son tour. En attendant, quand des dépenses extraordinaires, ou bien l'accroissement des dépenses ordinaires, obligeaient à recourir à des ressources nouvelles, c'est sur les impôts de consommation qu'on en faisait de préférence porter le poids. En 1840, par exemple, on dut demander à une augmentation d'impôts une soixantaine de millions : on en demanda 50 aux droits d'importation et à l'excise et on ne recourut aux impôts directs que pour 12 millions. Lorsque, en 1855, il fallut faire face aux dépenses nécessitées par la guerre de Crimée, sir George Cornewal Lewis ayant demandé 125 millions de recettes extraordinaires aux impôts, 50 millions furent prélevés sur l'income-tax, et le reste fut réparti entre les droits sur les spiritueux, le sucre, le thé et le café ; et tandis que, dès la fin de la guerre, on s'empressait de ramener l'income-tax au taux antérieur, on conservait les nouveaux droits sur les impôts indirects.

De 1850 à 1860, une nouvelle modification se dessine dans la société, qui va avoir sa répercussion sur la politique financière. Les classes ouvrières, de plus en plus nombreuses, enhardies par le bien-être dont elles commencent à jouir, ont acquis assez de puissance pour que les partis politiques craignent d'exciter leur mécontentement. On hésite à faire peser sur elles le poids des charges nouvelles, et la faveur intéressée des gouvernants pour les impôts indirects s'atténue. La méthode, d'ailleurs, a prouvé trop souvent son peu d'efficacité : l'exagération de ces impôts, loin d'être favorable au trésor, diminue ses ressources ; elle produit une restriction de la consommation et un développement de la contrebande. Ce devient dès lors un principe reconnu en finances que l'ensemble des impôts doit être regardé comme un tout. Lorsque quelque addition considérable de revenu est devenue nécessaire, ou qu'une réduction importante de la taxation est rendue possible, les impôts directs ou indirects doivent en supporter le poids ou en bénéficier également. En 1861, Gladstone, alors chancelier de l'Echiquier, exposa cette doctrine aux Communes sous une forme humoristique. « L'impôt direct et l'impôt indirect, — dit-il, — sont comme deux sœurs aimables qui ont été présentées dans le monde de Londres où l'on s'amuse. Toutes deux ont une belle dot; toutes deux ont les mêmes parents, car ils se nomment, je crois, pour l'une comme pour l'autre, la Nécessité et l'Invention. Elles ne diffèrent que comme il arrive entre deux sœurs, dont l'une est blonde et l'autre brune, dont l'une est d'allures un peu maniérées, et l'autre d'un caréctère plus libre et plus ouvert. Pourquoi y aurait-il quelque rivalité hostile entre les admirateurs de ces deux demoiselles ? J'ai toujours pensé qu'un chancelier de l'Echiquier, et même un membre de cette Chambre, doivent leur rendre à toutes deux des hommages absolument semblables, et se bien garder d'avoir quelque préférence pour l'une d'elles ».

En 1863 et en 1864, des excédents de recettes permirent à Gladstone de diminuer les impôts : il en fit bénéficier chaque fois, également, les impôts directs et les impôts indirects. L'income-tax bénéficia de deux réductions successives, en même temps que le droit sur le thé, en 1863, et celui sur le sucre, en 1864, étaient abaissés. Quelques années après, en 1869, M. Robert Lowe abolissait définitivement, au nom des principes libre-échangistes, le droit d'entrée de 1 shilling sur les céréales, qui avait survécu à la réforme de 1846. La raison invoquée pour se priver de cette source de revenus était uniquement la possibilité pour l'Angleterre, grâce à la franchise accordée aux céréales, de devenir le marché universel du commerce des grains.

Quand eût éclaté la guerre entre la France et l'Allemagne, l'Angleterre dut, pour être prête à toute éventualité, prendre des mesures de précaution. Pour faire face à ces dépenses, qui n'avaient qu'un caractère temporaire, on se borna à élever simplement le taux de l'income-tax qui, dès l'année suivante, d'ailleurs, en 1872, fut ramené au taux antérieur de 4 pence.

Les fameuses « années miraculeuses » de 1872-73 et de 1873-74, si extraordinaires par le chiffre des excédents qu'elles laissèrent au chancelier de l'Echiquier, permirent d'effectuer des remises de taxation importantes. En 1873, les libéraux, alors au pouvoir, partagèrent l'excédent disponible également entre l'income-tax et le droit sur le sucre, qui fut diminué de moitié. L'année suivante, l'administration conservatrice, qui avait, dans l'intervalle, succédé à l'administration libérale, en usa de même avec l'excédent dont elle disposait. Une moitié servit à rappeler définitivement le droit qui restait sur le sucre ; le reste permit d'abaisser l'income-tax à 2 pence, taux que cet impôt n'a plus revu depuis, et que, très vraisemblablement, il ne reverra jamais plus.

La doctrine de l'égalité des taxes directes et indirectes semblait donc passée définitivement dans la pratique et était admise, sans contestation, par les deux grands partis politiques qui alternaient au pouvoir; mais le dernier quart du siècle allait voir une orientation nouvelle de la politique financière. La réforme électorale de 1867, étendant jusqu'aux classes ouvrières le droit de vote, leur donnait le moyen de faire sentir directement leur action au Gouvernement et de lui imposer leur volonté.

Sous cette influence, les chanceliers de l'Echiquier, depuis 1875, ont de plus en plus délaissé les taxes indirectes, pour adresser uniquement leurs hommages aux taxes directes. La démocratie est devenue si puissante et son déplaisir est si redouté, que plus d'un Gouvernement même n'a pas dédaigné d'aller au-devant de ses désirs.

Le mouvement de démocratisation du système fiscal s'est opéré de trois façons différentes. Et d'abord, chaque fois qu'un excédent de revenu est devenu nécessaire, c'est aux impôts sur la propriété seuls que l'on s'est invariablement adressé : à l'income-tax en premier lieu, ensuite, aux droits de succession.

Par contre, toutes les fois qu'un dégrèvement a été possible, on n'en a fait bénéficier, sauf de rares exceptions, que les impôts de consommation, et, quand l'income-tax a été appelé à en profiter, ce n'a été que pour une période de fort courte durée. Enfin, un principe nouveau a été introduit dans les impôts directs : le principe de la progression qui, assurément, ne manquera pas de s'y développer.

Par une coïncidence ironique, comme en offre souvent l'histoire, le premier pas fait dans le sens des nouvelles pratiques financières l'a été en 1876, par un Gouvernement conservateur. Sir Stafford Northcote, ayant à se procurer un supplément de ressources pour l'année 1876-77, les demanda uniquement à l'income-tax, qu'il porta de 2 pence à 3 pence. C'était la première fois depuis 1842 que le taux de cet impôt était élevé sans qu'il y eût aucune menace de guerre à l'horizon. Jusqu'a-lors on avait regardé l'income-tax comme la ressource suprême des périodes critiques, et on s'accordait à reconnaître l'utilité de le maintenir au taux le plus réduit possible pendant les temps ordinaires. A cette condition seulement, on croyait pouvoir faire supporter ses nombreux défauts. La mesure de 1876 prouvait qu'on le regardait désormais comme susceptible d'être appelé à concourir seul aux besoins nécessités par une augmentation des dépenses permanentes. Et le ministère qui présentait cette mesure était présidé par Disraeli, qui, cinq ans plus tôt, promettait fidélité aux traditions du parti conservateur et s'engageait « à ne jamais consentir à ce que l'on eût exclusivement recours aux taxes directes pour subvenir aux besoins financiers d'une année (1) ». La crainte de l'impopularité à laquelle une élévation des taxes indirectes eût pu exposer le Gouvernement explique sans doute que Disraeli eût oublié ses promesses.

En 1878, obligé de recourir de nouveau à une élévation d'impôts, le même chancelier de l'Echiquier, sir Stafford Northcote, parut revenir à l'ancienne doctrine de l'égalité des taxes. Mais la précaution avec laquelle il s'adressa à l'impôt indirect ne marque que plus nettement l'évolution qui s'était déjà faite dans les esprits. Il demandait à peine 20 millions à une élévation du droit sur le tabac, tan-

____

(1) Cité par S. Buxton, *op. cit.*, II. 228.

dis qu'il en demandait 90 à l'income-tax.

Le grand débat financier auquel donna lieu le budget de 1885 fut plus significatif encore. M. Gladstone était premier ministre. La situation politique extérieure semblait pleine de dangers : le conflit avec la Russie, si longtemps reculé, paraissait ne pouvoir être plus que difficilement évité, et l'attitude de la France au sujet de la question d'Egypte donnait de sérieuses inquiétudes. Le budget ressentit le contre-coup de ces appréhensions, et le chancelier de l'Echiquier, M. H. C.-E. Childers, dut se procurer une partie des sommes dont il avait besoin en suspendant temporairement l'amortissement. Pour le surplus, il proposait de recourir à la fois aux impôts directs et aux impôts indirects, demandant 140 millions à l'income-tax et aux droits de succession, et 50 millions aux droits sur le vin et à un droit sur la bière, que, en 1880, Gladstone avait substitué à l'ancien droit sur le malt. Après un long débat sur ces propositions, le 8 juin, le ministère était mis en minorité : la Chambre refusait d'accorder l'élévation des droits sur le vin et sur la bière, qu'elle regardait comme très élevés déjà. Cette décision sonnait, ainsi qu'on l'a dit à l'époque, « le glas de l'impôt indirect ».

Un mois plus tard, sir Michael Hicks-Beach présentait le budget du ministère conservateur. Toute augmentation des impôts de consommation en avait disparu : seul le taux de l'income-tax était élevé. Et cependant, peu de temps avant, alors qu'il était dans l'opposition, sir Michael Hicks-Beach avait proposé au Trésor l'élévation du droit sur le thé. Revenu au banc ministériel, il reconnut lui-même que sa proposition était irréalisable. Le Gouvernement assez imprudent pour adopter une semblable mesure aurait bientôt succombé sous l'impopularité.

Lorsque, en 1889, M. Goschen eut à faire face à son tour à une insuffisance de revenus, il se souvint de la leçon de 1885, et, voulant éviter une élévation de l'income-tax, il s'adressa aux droits de succession. Mis dans la même nécessité en 1893, sir William Harcourt recourut au procédé, devenu courant, d'une augmentation du taux de l'income-tax. L'année suivante, il l'élevait de nouveau, le portant à 8 pence, et il demandait le complément qui lui était nécessaire aux droits de succession, qu'il remaniait profondément. Tandis qu'il se procurait ainsi 80 millions par l'élévation des impôts directs, il ne réclamait aux impôts indirects que la modique somme de 2 millions, produit d'une modification insignifiante apportée aux droits sur les spiritueux.

Tout opposée a été la conduite des chanceliers de l'Echiquier à l'égard des impôts de consommation. Dès 1888, M. Goschen, disposant d'un surplus, rappelait le droit additionnel sur le tabac imposé dix ans plus tôt par sir Stafford Northcorte. En 1890, comme il avait de nouveau à disposer d'un excédent considérable, il fut sollicité d'abaisser le taux de l'income-tax. Contre toute attente et malgré le déplaisir que sa décision devait causer à un grand nombre de membres du parti conservateur alors au pouvoir, seuls les impôts indirects furent l'objet de ses faveurs, et il se borna à réduire les droits sur le thé et sur les raisins secs. En 1898, sir Michael Hicks-Beach, à son tour, faisait remise de 35 millions environ aux droits sur le tabac.

Ce sont les classes populaires qui profitent des dégrèvements successifs des taxes indirectes, les seules, ou à peu près, qu'elles

paient. Mais, au dessus d'elles, il est une autre
classe de la société qui, depuis plusieurs années, attire à son tour la sollicitude des chanceliers de l'Echiquier. C'est cette classe de
gagne-petits qui forme les derniers échelons de
la bourgeoisie : petits artisans, modestes commerçants, employés, dont la situation matérielle, un peu meilleure peut-être que celle des
ouvriers, sujette à moins d'aléas, n'en demeure
pas moins fort précaire. C'est à leur bénéfice
qu'ont été effectués toute une série de dégrèvements à la base des impôts directs.

Depuis le rétablissement de l'income-tax en
1803, les très petits revenus ont toujours été
exemptés de cet impôt, et une diminution a
été consentie aux petits revenus. Mais, pendant
longtemps, ces exemptions ont été étroitement
limitées. En 1875, les revenus de 2.500 fr. et
au-dessous étaient exonérés de l'impôt, et une
déduction de 2.000 francs était autorisée pour
les revenus entre 2.500 et 7.500 francs. La loi
de finances de l'année 1875 releva la limite
d'exemption totale de 2.500 à 3.750 francs et
étendit à 10.000 francs la limite de modération, en élevant à 3.000 francs le chiffre de la
déduction. En 1894, sir William Harcourt dé-

veloppa le principe de la graduation, jusqu'alors demeuré dans des bornes assez étroites. Il porta à 4.000 francs la limite d'exemption totale, fixa à 4.000 francs la déduction pour les revenus de 4.000 à 10.000 francs, et autorisa une déduction nouvelle de 2.500 francs pour les revenus entre 10.000 et 12.500 francs. En 1898, enfin, sir Michael Hicks-Beach faisait de l'income-tax un véritable impôt dégressif. Rien n'est changé pour les revenus inférieurs à 10.000 fr. ; mais pour ceux de 10.000 à 12.500, le chiffre de la déduction est porté à 3.750 fr., et deux échelons nouveaux sont créés : les revenus de 12.500 à 15.000 francs bénéficient d'une déduction de 2.500 francs, et ceux de 15.000 à 17.500 francs, d'une déduction de 1.750 francs. C'est, on le voit, une extension singulièrement grande des exemptions modestes qui existaient il y a vingt-cinq ans. L'exemption totale, qui ne profitait alors qu'aux revenus de 2.500 francs, a été étendue jusqu'aux revenus de 4.000 francs, et le bénéfice de la déduction a été accordé jusqu'aux revenus de 17.500 francs, que l'on peut assurément regarder comme placés à la limite extrême des petits revenus.

Deux autres impôts directs ont été l'objet de modifications analogues, quoique plus modestes. En 1890, le principe de la graduation a été introduit par M. Goschen dans l'impôt sur les maisons. Antérieurement, les maisons d'un loyer inférieur à 500 francs étaient seules exonérées du droit, les autres payaient le droit entier. Depuis la réforme, les maisons d'un loyer de 500 à 1.000 francs ne sont plus assujetties qu'à la moitié du droit ; celles d'un loyer de 1.000 à 1.500 francs n'en paient que les deux tiers, et seules les maisons d'un loyer supérieur à 1.500 francs paient à présent le droit intégral.

En 1898, sir Michael Hicks-Beach modifiait dans le même sens l'impôt foncier. Cet impôt, dont Pitt avait fait autoriser le rachat, figure cependant encore dans les recettes du budget anglais, tous les assujettis n'ayant pas usé de ce droit. Désormais, les assujettis à cet impôt qui présentent un certificat d'exemption totale de l'income-tax en sont également exonérés, et ceux qui présentent un certificat constatant que leur revenu est inférieur à 10.000 francs ne paient plus que la moitié de l'impôt foncier.

Une des dernières réformes financières, la plus importante, est la réforme des droits de succession, à l'occasion de laquelle le principe de la progression a fait au grand jour son entrée dans le système fiscal anglais. En 1889, M. Goschen, ayant besoin d'un supplément de revenu de 25 millions, les avait demandés aux gros héritages, en frappant d'un droit nouveau de 1 0/0 les successions supérieures à 250.000 francs.

En 1894, sir William Harcourt s'attaquait courageusement à la réforme depuis si longtemps réclamée de ces droits : il s'agissait de faire enfin disparaître les derniers avantages dont jouissait encore à leur égard la propriété foncière. Il la mena à bien et établit l'égalité presque complète de la propriété mobilière et immobilière devant le fisc. Mais là ne se borna pas sa réforme. Soucieux, en présence de l'augmentation ininterrompue des dépenses, de procurer au trésor une source nouvelle de revenus, il crut la trouver précisément dans ces droits, et il n'hésita pas à faire du *New estate duty* un impôt progressif, dont l'échelle, partant de 1 0/0, pour les successions de 2.500 à 12.500 francs, atteint 8 0/0 pour celles qui sont supérieures à 25 millions de francs. Pour justifier

cette innovation, sir William Harcourt déclarait que « le titre de l'État à une part de la propriété du décédé est antérieur au titre de ceux
qui concourent avec lui au partage », et que
« le droit du mort à disposer de son bien étant
une pure création de la loi, l'État peut pres-
crire les conditions auxquelles ce droit pourra
être exercé, et imposer à son exercice les limites qu'il juge convenables (1) ». Et il ajoutait :
« Le principe de la taxation graduée, appliqué
avec honnêteté et justice, est un principe des
plus équitables et essentiellement politique ».
Malgré une opposition très vive du parti conservateur, le Parlement accepta la réforme proposée. Cette innovation si importante a d'ailleurs
été subie avec résignation par ceux qu'elle
atteignait ; les fraudes ont été bien moindres
qu'on ne l'avait craint, et le produit des droits
de succession a été en augmentant sans dis-
continuer, déjouant toutes les prévisions pessimistes et dépassant de beaucoup celles des
plus optimistes. Malgré la majorité imposante
dont ils jouissent aux Communes depuis 1895,
les conservateurs n'ont fait aucune tentative

(1) Aux Communes, 17 avril 1894.

pour revenir sur cette réforme, aujourd'hui définitivement acceptée.

Vingt-cinq ans de pratique continue avait transformé l'habitude de recourir exclusivement, pour satisfaire à l'augmentation des dépenses, aux impôts sur la propriété, en une sorte de principe devant lequel s'inclinaient les deux grands partis politiques. Tous deux ont participé à cette orientation nouvelle de la politique fiscale. Nous avons rencontré les noms de M. Goschen et de sir Michael Hicks-Beach, à côté de ceux de M. H.-C.-E. Childers et de sir William Harcourt. Au-dessus des conservateurs comme des libéraux, la démocratie règne aujourd'hui en souveraine exigeante et absolue. « Devant la démocratie, — écrivait peu de temps avant de mourir M. W.-E. H. Lecky, dans l'introduction à une nouvelle édition de son grand ouvrage *Democracy and Liberty*, — les deux partis politiques se meuvent dans la même direction ; ils ressemblent plutôt à des concurrents dans une course, qu'à des adversaires en champ-clos (1) ».

Ces réformes successives ont eu pour résultat

(1) Cabinet édition, vol. I, p. XIII.

de rétrécir la base de la taxation, et de modifier d'une manière considérable la part respective attribuée dans les recettes budgétaires aux deux grandes catégories d'impôts. Pendant que le produit des impôts sur la propriété faisait plus que doubler, malgré les dégrèvements opérés à la base des plus importants d'entre eux, celui des impôts de consommation augmentait à peine d'un cinquième. En 1873-74, les premiers ne fournissaient encore que 30 0/0 du revenu total provenant de la taxation, un quart de siècle plus tard, ils y contribuaient pour 45 0/0, tandis que la part des seconds était réduite de 70 0/0 à 55 0/0 (1).

(1) *Répartition des recettes provenant d'impôts :*

	1873-74		1897-98		1902-03	
Impôts sur la propriété	Millions de francs		Millions de francs		Millions de francs	
Income-tax	140		433		970	
Droits de succession ...	135		387		450	
Impôt foncier, impôt sur les habitations, droits de timbre, etc........	215	490	270	1.090	290	1.710
Impôts de consommation :						
Droits sur les spiritueux.	495		540		640	
— le malt........	190		»		»	
— la bière......	»		295		343	
— le tabac......	180		285		311	
— le thé........	80		95		150	
A reporter...	945		1215		1444	

La guerre Sud-Africaine a causé un trouble
profond dans les finances anglaises. Pour faire
face à ses dépenses, qui ont dépassé 5 milliards,
il a fallu recourir aux impôts et à l'emprunt.
En trente mois, la Dette a été augmentée de
près de 4 milliards, détruisant ainsi l'œuvre
d'économie poursuivie sans relâche pendant
trente ans, et la taxation a dû fournir 1 milliard 1/2. Les impôts en vigueur ne pouvant
procurer seuls pareille somme, on a dû rétablir d'anciens droits. Si ces mesures n'avaient
été motivées que par les circonstances extraordinaires que l'on traversait, il n'y aurait qu'à
les signaler, sans plus. Mais, à regarder de près,
on s'aperçoit vite que les besoins créés par la
guerre ont été utilisés pour opérer dans la

Report...	945	490	1215	1.090	1444	1.710
Droits sur le café........	5		5		4	
— le sucre (rappelé en 1874).	50		»		112	
— le blé (rappelé dès 1869)....	»		»		58	
— de licence, etc.	140	1.140	140	1.360	190	1.808
		1.630		2.450		3.518

nature des recettes fiscales une évolution nouvelle, en sens opposé à celle qui a marqué le dernier quart du dix-neuvième siècle.

Sir Michael Hicks-Beach, à qui est incombée la tâche ingrate de gérer les finances pendant cette période, jugea impossible et injuste de faire supporter à la propriété seule le poids des dépenses extraordinaires. Acceptant comme équitable la répartition des charges existant à ce moment entre les impôts sur la propriété et les impôts de consommation, il recourut à peu près également aux uns et aux autres. L'income-tax fut porté de 8 pence par livre, à 12 pence en 1900, à 14 pence l'année suivante, puis à 15 pence en 1902, s'élevant ainsi de 3.33 0/0 à 6.25 0/0 (1). Quant aux impôts de consommation, le chancelier de l'Échiquier se contenta en 1900 d'élever le taux des droits sur les spiritueux, la bière, le tabac et le thé. L'année suivante, il fut contraint de recourir à des taxes nouvelles. Il chercha « un impôt largement

(1) Le taux de 15 pence n'a été dépassé qu'une fois depuis le rétablissement de l'income-tax en 1842 : lors de la guerre de Crimée, le taux de 16 pence, soit 6.60 p. 100 fut maintenu deux années de suite. Le taux de 8 pence, en vigueur à la veille de la guerre Sud-Africaine, était appliqué depuis 1895.

producteur ; un impôt sur un article de consommation universelle et très bon marché, qui pût échapper au reproche d'avoir un caractère protectionniste, que tout le monde devrait payer et qui ne tomberait pas seulement sur les privilégiés qui payent l'income-tax et les droits de succession, ou sur ceux qui s'adonnent aux douceurs de l'alcool et du tabac ». Son choix s'arrêta sur le sucre, libre d'impôt depuis 1874. En même temps, il rétablissait le droit de un shilling par tonne sur le charbon sortant du Royaume-Uni, droit qui avait été aboli en 1845. Enfin, l'année 1902 vit une innovation plus grave encore : sir Michael n'hésita pas à soumettre le blé, qui entrait en franchise depuis 1869, à un droit d'importation de 3 pence par demi-quintal (1), démentant ainsi la prédiction qu'avait cru pouvoir faire, vingt ans plus tôt, un disciple de Cobden, M. John Mor-

(1) Lorsque, en 1846, sir Robert Peel, sous la pression de la campagne ardente de Cobden et de Bright, et poussé par la famine menaçante, avait arraché au Parlement l'abrogation des droits protecteurs sur les céréales, il avait conservé, simplement comme ressource financière, un droit de un shilling par quarter. En 1864, M. Gladstone avait remanié la base de ce droit, et en 1869, sir Robert Lowe, profitant d'un excédent de recettes, l'abolissait au nom des principes libre-échangistes.

ley : que « aucun homme d'Etat anglais ne se harsarderait vraisemblablement jamais plus à mettre un droit sur le pain (1) ».

Le rétablissement du droit de sortie sur le charbon et, plus encore, celui du droit d'entrée sur le blé soulevèrent aux Communes de véritables orages. Sir Michael Hicks-Beach eut été bien imprudent de s'exposer aux critiques véhémentes dont il fut l'objet s'il n'avait eu en vue que de faire face à des besoins passagers. Il eut certainement trouvé, s'il l'avait voulu, les moyens de se passer de ces impôts. La véritable raison qui les lui fit adopter, c'est qu'il les regardait non comme des taxes temporaires, mais bien comme des taxes permanentes. « A mon avis, — disait-il, dans son budget-speech du 19 avril 1901, — la grande difficulté à laquelle nous devons prêter attention maintenant, ne vient pas des dépenses de la guerre, elle vient des dépenses ordinaires du pays. En choisissant les taxes nouvelles nécessaires pour faire face aux dépenses additionnelles de cette année, je crois donc que nous pouvons faire quelque tentative pour mettre notre système financier

(1) *Life of Cobden*, 9ᵉ édition, 1903, en 1 vol., p. 162.

sur une plus large base, pour nous permettre de supporter ces dépenses additionnelles ». Le mouvement de rétrécissement de la base fiscale du système financier anglais, que nous avons vu se produire dans le même temps que se développaient les dépenses, est signalé depuis plusieurs années déjà par de nombreux financiers comme une source éventuelle de dangers. Le budget anglais, réduit aux seuls impôts existants en 1898, manquait d'élasticité. Le chancelier de l'Echiquier, M. Ritchie, n'a pu, l'année dernière, rétablir l'amortissement et rappeler le droit sur le blé qu'en maintenant le taux de l'income-tax à 11 pence. Un pareil taux ne peut se justifier que par des circonstances extraordinaires. Le taux de 8 pence, qui a duré de 1895 à 1900, était considéré déjà par beaucoup comme trop élevé. Nombreux sont ceux qui estiment qu'en temps ordinaire le taux de 6 pence — 2 fr. 50 0/0 — ne doit pas être dépassé. Sir Robert Giffen trouve même ce dernier un peu haut. C'est, en effet, à la seule condition de maintenir l'income-tax à un faible taux pendant les périodes de paix, qu'on pourra continuer à le regarder comme « le bouclier de l'Angleterre aux périodes critiques ». En pro-

posant l'abrogation du droit sur le blé,
M. Ritchie a invoqué bien plus des raisons politiques que des raisons financières (1). Ce sont
les fausses interprétations auxquelles prête ce
droit qui ont été surtout cause de son rappel.
M. A.-J. Balfour a lui-même nettement déclaré
l'esprit dans lequel son administration y avait
eu recours ; « Quand la taxe [sur le blé] fut im-
posée, notre objet et notre espoir était qu'elle
ferait partie du système fiscal général du
pays (2) ». Si ce droit n'avait pas provoqué de
la part du Canada la demande d'un traitement
de préférence en faveur de son blé, et mis ainsi
en question le régime commercial de l'Angleterre, il est vraisemblable que M. Ritchie l'aurait conservé.

Ainsi, l'Angleterre est amenée, par suite de
l'augmentation de ses dépenses, à envisager
la nécessité d'une réforme de son système
fiscal. Afin de retrouver l'élasticité financière
indispensable pour lui permettre de supporter,
sans être trop éprouvée, les crises économiques ou politiques futures, elle est obligée de

(1) Budget-speech du 23 avril 1903.
(2) A une députation de membres du Parlement, 15 mai
1903.

recourir à l'établissement d'impôts indirects nouveaux (1). Pour que ces droits soient efficaces, il faut qu'ils frappent des objets de grande consommation. Des droits d'entrée modérés sur le sucre et sur le blé, notamment, répondent fort bien à cette nécessité. Mais leur établissement se heurte à une double difficulté. D'une part, les classes ouvrières repoussent naturellement toute mesure ayant pour effet de renchérir le coût de la vie, et un nouveau changement d'orientation de la politique fiscale dans ce sens ne peut manquer de soulever une vive opposition, qu'il sera peut-être très difficile de surmonter. D'autre part, l'établissement de droits de douane sur les produits alimentaires met l'Angleterre dans une situation embarras-

(1) Le budget pour 1904-05 témoigne du même embarras que les précédents. Le nouveau chancelier de l'Échiquier, M. Austen Chamberlain a eu à faire face à un déficit évalué, d'après le taux des impôts existants, à près de 100 millions de francs. La prudence l'obligeait à écarter toute mesure susceptible de soulever indirectement la question de la politique commerciale, le Gouvernement ne voulant pas engager en ce moment de débat sur ce sujet dans le Parlement. Le chancelier a demandé les sommes dont il avait besoin à peu près également à l'income-tax, qui a été élevée de 1 d.; et se trouve ainsi portée à 12 d., et aux droits de consommation, en relevant de 2 d. le droit sur le thé, et en opérant quelques modifications dans les droits qui frappent le tabac.

sante vis-à-vis de ses grandes colonies : refu-
sera t-elle, au nom de la pure doctrine libre-
échangiste, d'accorder à ceux de ces produits
venant des colonies, un traitement de faveur,
au risque de mécontenter les colons? Ou, cé-
dant à des considérations politiques, fera-t-elle
fléchir ses doctrines économiques, et consen-
tira-t-elle à porter au libre-échange une atteinte
d'autant plus dangereuse que le mouvement de
réaction protectionniste, qui s'est lentement
formé depuis une vingtaine d'années, a pris
dans ces derniers temps une forme nouvelle,
et même aujourd'hui une attaque bruyante
contre le free-trade?

CHAPITRE III

La réaction contre le libre-échange

Les initiateurs du mouvement libre-échangiste, les apôtres de la croisade engagée entre 1835 et 1850 contre les lois céréales et pour le triomphe définitif de la réforme commerciale dont Huskisson avait posé les bases en 1825, les Cobden, les Bright, les Villiers, avaient promis à l'Angleterre, si elle s'engageait résolument dans la voie qu'ils lui indiquaient, une prospérité merveilleuse. Jamais peut-être, prophétie n'a été à ce point réalisée. Pendant plus d'un demi-siècle, aucun obstacle, aucune concurrence n'ont entravé l'essor de l'Angleterre, et, à la faveur du régime qu'elle avait adopté, elle réussit à acquérir une suprématie économique incontestée. L'agriculture, l'industrie, le commerce, la navigation maritime allèrent jusqu'en 1875, en prospérant du même pas. Toutes les classes de la nation : propriétaires, fermiers, chefs d'entreprises, salariés, profitaient de cet extraordinaire élan. Quoi d'étonnant que la population tout entière ait donné sans réserve son adhésion à la politique nouvelle. Le libre-échange, après un pareil succès, devenait une croyance nationale. Il s'imposait à tous les partis politiques : c'était un véritable dogme que personne ne contestait plus. Sans doute, les hommes d'État anglais essayaient d'influencer les autres nations, de les amener à imiter l'exemple de l'Angleterre, à abandonner pour une politique plus libérale, la politique protectionniste à laquelle elles demeuraient obstinément attachées. Dans l'espoir de les entraîner, Cobden lui-même acceptait de négocier un traité de commerce avec la France. Mais la population anglaise n'appréhendait alors aucun inconvénient du fait d'être seule à pratiquer le *free-trade*. Elle croyait fermement que le libre-échange est un bien en lui-même, qu'une nation qui abolit les droits de douane se fait du bien à elle-même, en se donnant le moyen d'acheter au meilleur compte ce dont elle a besoin, en facilitant aux autres nations leurs échanges avec elle, et que ce serait folie de se priver de ces avantages pour vouloir attendre que les autres consentissent également à en profiter.

Les vingt-cinq dernières années ont paru, cependant, donner un démenti aux enseignements des frec-traders. L'agriculture a été cruellement atteinte. L'industrie même, dont le développement a compensé pendant de nombreuses années les déboires éprouvés par l'agriculture, a passé à son tour par des phases pénibles. Les industriels anglais se voient obligés de lutter aujourd'hui contre des concurrents qui ont édifié leur grandeur à l'abri de ces barrières de douanes, qu'ils avaient appris à considérer comme une entrave au progrès. De pareils faits ont naturellement atteint la foi de la population anglaise dans le libre-échange. Des doutes ont été émis sur les avantages de la politique suivie aveuglément depuis un demi-siècle. Ses vertus n'ont plus paru aussi assurées qu'autrefois. On s'est demandé si, après avoir si bien profité à l'Angleterre d'hier, elle ne serait pas au contraire nuisible à celle d'aujourd'hui, et si, par suite du changement des

conditions économiques, une modification de
la politique commerciale ne s'imposait pas. Le
peuple anglais n'a plus dans le domaine économique, de même que dans le domaine politique,
la superbe assurance dans l'avenir dont il faisait preuve autrefois. Ici encore, il sent sa suprématie menacée. Pour la retenir, de nouveaux réformateurs lui proposent d'abandonner
le libre-échange et de chercher dans une union
douanière avec les colonies, les garanties contre
les dangers économiques auxquels la politique
actuelle expose l'Angleterre.

Le mouvement de réaction contre le free-
trade n'a pris, à vrai dire, de consistance que
dans les dernières années. Déjà, cependant, il
a laissé sa marque dans la législation.

Les premiers symptômes de malaise de l'agriculture se manifestèrent vers 1873-75. On crut
d'abord à une crise temporaire; il n'en était
rien. Pendant la décade suivante, le mal alla
s'aggravant. La culture des céréales, du blé,
notamment, fut fortement atteinte par la baisse
des prix qui, après un léger et éphémère relèvement en 1877, reprit de nouveau pour aller
encore en s'accentuant. Les plaintes de l'agriculture provoquèrent en 1879, la nomination

d'une Commission royale pour rechercher les causes de la dépression agricole. L'industrie ne tarda pas à se plaindre à son tour. Depuis 1850, elle avait joui d'une prospérité presque continue. La consommation du marché intérieur était allée se développant avec rapidité, sous la double influence de l'accroissement de la population et de l'amélioration du bien-être général. D'autre part, les industriels trouvaient à l'extérieur des débouchés de plus en plus considérables pour leurs produits. En vingt ans, la valeur des exportations (1) augmentait de 155 0/0, et cela, d'une manière presque continue, passant de 74.6 millions de liv. st., moyenne annuelle pour 1850-52, à 189.7 pour 1868-70. Les années 1871 à 1873, témoignèrent une augmentation soudaine et considérable des exportations, due pour une grande part au conflit franco-allemand. On enregistra les chiffres de 223, 256 et 255 millions de liv. st., mais de 1875 à 1879, une baisse importante se produisit ; on retomba pour cette dernière année à 191 millions, et, après un relèvement de 1881 à 1884, les trois années suivantes virent

(1) Commerce spécial.

une nouvelle rechute. L'industrie joignit alors
ses plaintes à celles de l'agriculture, et, en 1885,
une Commission royale était nommée pour étudier la crise industrielle.

Les Commissions de 1879 et de 1885 signalè-
rent comme une des causes les plus sérieuses
des crises agricole et industrielle, et en particulier de la première, la baisse générale des
prix survenue depuis 1873. Ni l'une ni l'autre,
ne proposèrent un retour à la protection. Un
autre remède parut pendant un temps séduire
les esprits. Suivant certains économistes et
financiers la raison principale de la dépression
des prix était la raréfaction de l'or. L'Allemagne, les Pays scandinaves, les États-Unis,
en adoptant l'étalon d'or, avaient dépossédé
l'argent de la qualité de métal-étalon, dont
il avait joui jusqu'alors, concurremment avec le
métal jaune. Celui-ci, se trouvant chargé seul
à présent des fonctions qu'avaient remplies les
deux métaux autrefois, l'équilibre antérieur
entre la monnaie et les marchandises était
rompu. Cette opinion amena la création
de ligues bimétallistes pour obtenir ce que
l'on appelait la réhabilitation du métal
blanc. Dans les milieux agricoles, dans les

milieux industriels même, particulièrement dans le Lancashire, plus directement affecté par la baisse de l'argent, par suite de ses relations avec l'Inde et l'Extrême-Orient, le relèvement du prix de ce métal parut pendant quelques années être le remède à la crise dont on souffrait. Mais les intérêts financiers, partisans résolus du monométallisme-or, n'ont pas permis qu'on l'essayât, La campagne en faveur du bimétallisme n'a jamais soulevé de grand mouvement d'opinion. Elle s'est poursuivie cependant jusqu'en 1893, ranimée de temps à autre par le vain espoir d'arriver à une entente internationale pour essayer le relèvement du prix de l'argent. La fermeture à cette époque (1) des hôtels des monnaies de l'Inde à la frappe du métal-blanc lui a porté le coup de mort.

C'est vers 1880, sous l'influence de la dépression économique, que parurent les premiers symptômes de défiance envers le libre-échange. En 1881, la *National fair-trade league* était créée pour provoquer une agitation en vue d'obtenir une modification de la politique douanière. Ses

(1) Loi du 26 juin 1893.

fondateurs voulaient empêcher « les produits des États étrangers qui se refusent à traiter équitablement les produits du Royaume-Uni, de venir concurrencer indûment sur les marchés britanniques les produits du travail national, et provoquer, au moyen d'une union commerciale entre la mère-patrie et ses colonies et dépendances, une extension du commerce dans l'Empire même ».

La doctrine que le libre-échange est bon pour la nation qui l'adopte, quelle que soit la politique des autres nations, était combattue par celle suivant laquelle le free-trade n'est efficace qu'autant qu'il y a réciprocité. La ligue déclarait nettement l'échec du libre-échange, dans « son dessein d'assurer des marchés libres pour les articles anglais dans les pays étrangers, en échange de la libre admission des leurs sur le marché anglais », et elle affirmait que les faits ont montré que cet insuccès a eu une répercussion défavorable sur la prospérité de la nation, et met en danger l'emploi régulier et le bien-être futur des classes ouvrières. Les *fair-traders* étaient en avance sur l'opinion publique: la politique de représailles, les idées d'union douanière avec les colonies ne rencontraient encore que fort peu de partisans. Ils essayèrent vainement, aux élections générales de 1885, de faire triompher leur programme : ils furent piteusement battus (1).

La dépression agricole n'a fait qu'aller en s'aggravant pendant les vingt dernières années. Les agriculteurs avaient trouvé d'abord quelque compensation aux déboires que leur faisait éprouver la culture du blé, dans l'élevage et l'augmentation des produits de la laiterie. Mais, à partir de 1884, le prix de la viande, qui

(1) La *National fair trade league* énumérait ainsi les différentes parties de son programme :

I. Tous les traités de commerce contenant des arrangements douaniers devront pouvoir être dénoncés par un avis donné un an à l'avance, et ils contiendront une clause spécifiant que la clause de « la nation la plus favorisée » accordée à un Etat étranger, ne s'appliquera pas à l'avenir aux arrangements préférentiels conclus entre le Royaume-Uni et ses colonies ou dépendances.

II. Les matières premières destinées à l'industrie nationale ne seront frappées d'aucun droit, de quelque pays qu'elles viennent, afin de faciliter la vente de nos articles manufacturés.

III. Des droits d'importation frapperont les produits des pays étrangers qui refusent de recevoir nos produits manufacturés, en franchise, ou à des conditions équitables [in free or fair exchange].

IV. Un droit modéré sera imposé sur les produits alimentaires venant des pays étrangers, tandis que les mêmes produits venant de toutes les parties de l'Empire seront admis en franchise.

s'était maintenu jusqu'alors, se mit à baisser à son tour, et, bientôt après, il en fut de même pour les produits de la laiterie (1). Malgré leurs efforts, les agriculteurs anglais n'ont pu lutter efficacement contre la concurrence étrangère amenée par l'accroissement continu des facilités de transport.

Suivant M. Turnbull, le revenu brut agricole du Royaume-Uni, provenant de l'élevage et de la culture (à l'exception des fruits, du houblon et des légumes autres que les pommes de terre) est tombé successivement : de 193.892.000 liv. st. pour les cinq années 1882-87, à 175.802.000 liv. st. pour les cinq années 1887-92,

(1) *Étendue consacrée à la culture des céréales.*
Acres : (000 omts) ; moy. annuelle.

	1873-75	1888-90	1900-02
Froment......................	3.671	2.564	1.806
Autres céréales..................	7.724	7.101	6.760
Total des céréales................	11.395	9.665	8.566
Prairies (artificielles et naturelles) .	23.605	26.877	28.346

D'après les *Statistical abstracts.*
Mouvement des prix des produits agricoles
moy. annuelle ; les prix en 1871 = 100

	Blé	Viande de bœuf	de mouton	lait	œufs
1871......	100	100	100	100	100
1873-75...	93.8	113.2	109.1	121.9	112.0
1888-90 ...	55.0	90.4	103.7	94.1	87.4
1900-02...	48.1	88.9	98.1	87.0	85.8

D'après le *Report on Wholesale and retail prices* ; 321 ; 1903 et 161.622.000 liv. st. pour les cinq années 1892-97. Soit une diminution de 16.5 0/0 de la dernière période sur la première, et une perte de plus de 750 millions de francs (1). L'extension de l'élevage au détriment de la culture des céréales a eu naturellement pour résultat d'activer le dépeuplement des campagnes, commencé déjà par les tentations qu'offrent les grandes villes aux travailleurs agricoles (2). Ceux qui sont restés, grâce à cette raréfaction de la main-d'œuvre, n'ont pas supporté le poids de la crise : leur salaire nominal a continué à s'élever en même temps qu'ils bénéficiaient de la baisse des prix. Le poids de la dépression agricole a porté tout entier sur les fermiers d'abord, puis il s'est étendu graduellement aux propriétaires fonciers, à mesure que les fermages ont dû s'ajuster aux conditions nouvelles :

(1) Cité par sir Vincent H.-P. Caillard : *Imperial fiscal reform*, p. 117.

(2) *Nombre d'individus occupés par l'agriculture en Angleterre et dans le pays de Galles* (000 omis).

	De moins de 20 ans	20 ans et au-dessus	Total
1871............	329	1.094	1.423
1881............	265	934	1.199
1891............	243	856	1 099
1901............	195	793	988

Fiscal blue book ; 1903 ; Cd. 1761, p. 363.

La baisse de ceux-ci, variable naturellement suivant les régions, s'est élevée dans certaines, jusqu'à 50 0/0. En 1893, une nouvelle Commission royale était nommée pour étudier la situation de l'agriculture. L'enquête témoigna d'un changement considérable dans les esprits à l'égard du libre-échange. « Le remède suggéré par la majorité des témoins à l'état actuel des choses — dit le rapport, — est un retour aux mesures de protection, et il est impossible d'ignorer qu'un grand nombre d'agriculteurs partagent cette opinion (1) ». Malgré leur désir de voir abandonner le free-trade, la plupart des témoins reconnurent cependant qu'ils avaient peu de chance d'obtenir un semblable changement de politique. Quant à la Commission, la majorité de ses membres déclara dans le rapport final que les effets de la politique protectionniste en Allemagne et en France ne leur paraissaient pas encourageante, ces pays n'ayant, pas plus que l'Angleterre, réussi à éviter une « sévère dépression agricole ».

L'agriculture n'occupait plus une place assez importante dans la vie économique et politique

(1) Final report, 1897 ; C. 8540, p. 161, par. 8.

de la Grande-Bretagne pour susciter en sa faveur un mouvement d'opinion, qui devrait avoir pour résultat un renchérissement du prix de la vie pour la masse de la population. Dans la Grande-Bretagne d'aujourd'hui, c'est l'industrie qui domine : c'est-elle et les masses ouvrières qu'elle occupe qui imposent leur volonté. La réaction contre le libre-échange ne pouvait devenir sérieuse que lorsqu'elle trouverait un appui dans la population industrielle.

Le Gouvernement n'est cependant pas resté sourd aux plaintes des propriétaires et des agriculteurs. La taxation locale pèse lourdemen sur la propriété foncière : depuis 1888, le Gouvernement impérial est venu en aide aux budgets locaux, en leur octroyant des allocations de plus en plus importantes. Puis, en 1896, sur la recommandation de la Commission agricole, l'*Agricultural rates act* a allégé de moitié la part contributive aux taxes locales des terres affectées à l'agriculture (1). Enfin, la loi de 1894 sur la police sanitaire — le *diseases of aminals act* — qui restreint considérablement la faculté d'importer des animaux vivants cache,

____

(1) Cette loi votée pour 5 ans a été renouvelée en 1901, pour une période de même durée.

sous son but avoué, un dessein de protection économique.

La Commission de 1885, sur l'état du commerce et de l'industrie, résumait ainsi son enquête : « Nous avons montré que tandis que la production générale de la richesse dans le pays est allée croissante, sa distribution a subi de profonds changements ; que ces changements ont eu pour effet de donner une plus grande part qu'autrefois au consommateur et au travailleur, et de contribuer ainsi à une distribution plus égale ; que la condition de la classe qui dépend du produit du sol n'est pas satisfaisante, et que le nombre des sans-travail est un fait d'une sérieuse gravité ; mais que la condition générale du pays est encourageante pour l'avenir ; que l'industrie, quoique laissant moins de profit, montre peu de tendance à diminuer en volume ; mais que par suite de la nature des temps la demande pour nos produits ne croît pas avec un taux aussi rapide qu'antérieurement ; que notre capacité de production excède par suite nos besoins, et peut en outre être accrue très rapidement ; que ceci est dû en partie à la grande quantité de capital qui est constamment accumulée dans le pays, en partie à l'élan donné à la production par les événements de 1870-71, qui a été maintenu plus longtemps qu'il n'était justifié par les demandes, et en partie à la chute du pouvoir d'achat d'au moins un groupe important de la communauté (1) ; que notre situation comme la première nation manufacturière du monde n'est plus aussi assurée qu'antérieurement, et que les nations étrangères commencent à nous concurrencer démesurément sur plusieurs marchés où nous avions autrefois un monopole (2) ».

Ces concurrences nouvelles, sur lesquelles les commissaires appelaient l'attention des industriels, allaient bientôt faire naître des appréhensions considérables. Habitués au quasi-monopole universel dont ils avaient joui pendant un demi-siècle, les industriels anglais semblaient ne pas envisager la possibilité de s'en voir déposséder un jour. La reprise des affaires pendant la période 1888-90 parut donner un démenti aux pessimistes qui, adhérant aux idées de *fair-trade*, demandaient un changement de politique commerciale. Mais les années 1891-98 virent une nouvelle rechute. De nouveau, le

(1) La population agricole.
(2) Final report, 1886 ; C. 4893, p. XXIII.

nombre des sans-travail augmenta, et les statistiques du commerce extérieur enregistrèrent
une diminution dans le chiffre des exportations.
Sur ces marchés où ils écoulaient autrefois si
aisément leurs produits, les industriels et les
commerçants anglais voient les affaires devenir
plus difficiles. Des nations qu'ils approvision-
naient jusqu'alors se hâtent de développer leur
industrie pour faire face à leurs propres besoins.
L'Allemagne, puis les États-Unis se lancent,
comme l'avait fait jadis l'Angleterre, dans la voie
de l'industrialisation à outrance. Non contents de
produire pour le marché national, les Allemands, puis les Américains cherchèrent bientôt de nouvelles sources de bénéfices sur les
marchés extérieurs, et ils entamèrent la lutte
contre les produits anglais sur les marchés
neutres, dans les pays où l'industrie nationale
est encore dans l'enfance.

Un cri d'alarme retentit alors en Angleterre.
Les rapports consulaires signalent la concurrence heureuse que les Allemands font à l'industrie anglaise sur tous les marchés. Le
« Péril allemand » devient, dans les revues,
les discours, les documents officiels, une véritable obsession, et le petit ouvrage de E.-E.

Williams, publié en 1896 : « *Made in Germany* » popularise la terreur de ce danger nouveau. Au péril allemand vient se joindre peu de temps après le « Péril américain ». Dans une enquête sur le commerce dans l'Empire britannique (1), les gouverneurs des colonies signalent la concurrence des produits américains à l'égal de celle des produits allemands. Et, au livre de Williams, s'ajoutent, en 1901, un pamphlet de Fred. A. Mc Kenzie : *Les envahisseurs américains*, et l'année suivante, *L'invasion américaine* de sir Christophe Furness.

« L'entreprise, l'énergie, l'indépendance américaines triomphent aujourd'hui dans la lutte pour le commerce, dans de nombreux pays, des industriels anglais, — écrit le premier ».

« Presque simultanément, avec l'apparition des États-Unis, comme une puissance conquérante et colonisatrice, — écrit le second, — l'Europe a été épouvantée par la vue d'une Amérique sortant de ses frontières et s'avançant dans l'arène, armée de pied en cap, comme un géant industriel, d'une puissance presque irrésistible, avec la détermination ouvertement

(1) Trade of the british Empire and foreign competition, 1897.

proclamée de conquérir les marchés du monde
et la suprématie économique universelle ». De
ces concurrents, ce sont les derniers venus qui
paraissent les plus redoutables pour l'avenir :
« Les États-Unis, avec les avantages naturels
qu'ils possèdent et leur population rapidement
croissante, deviendront vraisemblablement un
adversaire commercial encore plus dangereux
que l'Allemagne elle-même », conclut, après
une courte étude comparative, un document
officiel récent (1). Et, au retour d'une enquête
en Amérique, faite à la fin de 1902, M. Mosely
écrit : « Le marché intérieur des États-Unis est
à l'heure actuelle tellement absorbé par son
propre développement, que les Américains
n'ont pu accorder encore que peu d'attention
au commerce extérieur ; mais dans quelque
temps, lorsque les nombreuses usines qui se
construisent seront en pleine activité, l'Amérique deviendra un des concurrents les plus redoutables sur les marchés du monde (2) ».

« La suprématie industrielle de la Grande-

(1) Memorandum de A.-E. Bateman, 1902 : *Comparative
statistics of population, industry and commerce ;* Cd. 1199,
p. 26.

(2) *Reports of the Mosely industrial commission,* 1903,
préface, p. 7.

Bretagne a été longtemps un axiome. Elle devient rapidement un mythe (1) ». Cette constatation affligeante s'impose aux économistes et aux industriels. « Notre accablante suprématie industrielle, — écrit un attaché commercial, dans une étude sur le commerce anglais de 1885 à 1895, — n'est plus le fait assuré qu'elle a été. Nous ne sommes plus dans l'enviable situation d'autrefois, où nous ne rencontrions sur les marchés du monde aucuns concurrents sérieux pour nos produits manufacturés. Le bon vieux temps n'est plus : par suite de l'évolution et des progrès de toutes les nations, nous devons faire face maintenant à des conditions nouvelles (2) ». Un industriel de Manchester ne craint pas de dire : « Il nous est difficile d'imaginer que l'Angleterre puisse avoir atteint un moment critique de son histoire, ou que sa position nationale et industrielle puisse être sérieusement en péril... Il n'y a aucun doute que la nation s'est endormie dans une fausse sécurité, d'où elle sera tirée par un rude réveil... La productivité de nos rivaux va croissant dans

____

(1) E.-E. Villiams ; « *Made in Germany* », p. 1.
(2) William S.-H. Gastrell : *Our trade in the wold in relation to foreign competition, 1885 to 1895* ; p. 2.

toutes les branches, tandis que la nôtre décline ;
le centre industriel se déplace : il passe de l'Angleterre aux États-Unis et à l'Allemagne...(1) ».
Et le même document officiel cité plus haut,
consacré à une étude comparée du développement économique de la Grande-Bretagne et de
ses principaux concurrents dit : « Si la paix n'est
pas troublée, l'Allemagne et les États-Unis ver-
ront croître certainement le taux de leur mouvement progressif. La concurrence que ces
pays nous font sur les marchés neutres, et
même sur notre marché national, à moins que
nous nous montrions nous-mêmes actifs, deviendra de plus en plus sérieuse (2) ».

Les statistiques indiquent nettement, d'ailleurs, le ralentissement dans le développement
des exportations. De 1850 à 1873, le chiffre de
celles-ci a été en augmentant avec une rapidité
extraordinaire. A partir de cette dernière date,
et tout en tenant compte du caractère anormal
offert par les années 1871 à 1873, l'élan paraît
brisé : de 1850-54 à 1865-69, l'accroissement a

_____

(1) F. Merttens : *The growth of foreign competition.*
Communication à la « Manchester statistical society », 24
avril 1901.
(2) Cd. 1199 ; p. 30.

été de 122 0/0 ; de 1875-79 à 1900-02, il n'a été que de 38 0/0, et encore ce chiffre n'est-il dû qu'à l'augmentation de la moyenne des trois dernières années :

Valeur totale des exportations (sauf les navires)

Moyenne annuelle, en millions de liv. st. (1)

1850-54.........	82	1880-84.........	234
1855-59.........	116	1885-89.........	226
1860-64.........	138	1890-94.........	234
1865-69.........	181	1895-99.........	237
1870-74.........	234	1900-02.........	277
1875-79.........	201		

L'analyse des statistiques des vingt dernières années montre mieux encore les difficultés que rencontrent les industriels anglais sur les marchés extérieurs.

Valeurs des exportations
des principaux produits britanniques

Moyennes quinquennales.
Millions de liv. st. (2)

	1883-87	1888-92	1893-97	1898-02
Textiles..............	107	109	98	100
Produits métallurgiques.	40	46	39	48
Charbon...	10	16	16	28
Autres articles........	67	72	74	90
	224	243	227	266

(1) D'après le *fiscal blue book*, Cd. 1761 ; p. 97.
(2) D'après A.-L. Bowley : *National progress in wealth and trade*, p. 51.

La valeur de l'exportation des textiles a diminué ; celle des produits métallurgiques ne s'est que faiblement accrue. L'augmentation de la dernière période est due à un accroissement de l'exportation du charbon, qui a presque triplé, et des articles divers. Ces deux dernières classes qui, en 1883-87 ne formaient que 34 0/0 de l'exportation totale, y entraient en 1898-02 pour 44 0/0 : c'est un changement important dans la nature des produits exportés.

Dans l'industrie cotonnière, l'exportation des filés a diminué en quantité et en valeur, et cette baisse n'a été que tout juste compensée par une augmentation dans l'exportation des cotonnades en pièce, pendant la dernière période (1) :

	1883-87	1888-92	1893-97	1898-02
Exportation des filés de coton.........	12	12	9	8
Exportation des cotonnades en pièce.	58	60	56	61
	70	72	65	69

Quant à l'industrie lainière, la légère augmentation dans l'exportation des filés n'a pu

(1) D'après A.-L. Bowley, *op. cit.*, p. 46.

compenser la baisse de l'exportation des tis-
sus (1) :

	1883-87	1888-92	1893-97	1898-02
Exportation des filés de laine.........	5.2	5.2	6.6	6.0
Exportation des tissus de laine......	19.5	19.6	16.9	14.7
	24.7	24.8	23.5	20.7

Enfin, l'industrie métallurgique ne témoigne
d'un progrès sérieux que dans une de ses branches : l'exportation des outils et machines (2) :

	1883-87	1888-92	1893-97	1898-02
Quincaillerie et coutellerie	3.1	2.7	2.0	2.1
Outils et machines........	12.6	15.9	15.7	18.9
Articles divers en fer et en acier	15.4	16.8	13.1	16.9
Fer-blanc............... .	4.7	6.1	3.9	3 6
Fer en saumon et puddlé..	2.8	2.6	2.3	3.9
Acier en lingots, en barres et en feuilles..........	1.4	1.7	2.2	3.0
	40.0	45.8	39.2	48.4

Or, tandis que les exportations du Royaume Uni n'augmentaient plus que si lentement
pendant les vingt dernières années, celles de

(1) D'après A.-L. Bowley, *op. cit.*, p. 48.
(2) D'après A.-L. Bowley, *op. cit.*, p. 49.

l'Allemagne et des Etats-Unis se développaient avec rapidité :

Chiffre des exportations (C^{ce} spécial). Moy. ann.
(Millions de liv. st.) (1)

	1880-84	1896-1900	Augmentation de 1896-1900 sur 1880-84	
			Quantité	Proportion
Royaume-Uni .	234	249	15	6.4 p. 100
Allemagne....	156	192	36	23.1 —
États-Unis....	166	237	71	42.8 —

La part prise par l'Angleterre dans les importations des pays étrangers allait constamment en diminuant :

Proportion des importations totales
venant du Royaume-Uni (moy. ann.) (2)

	1884-85	1890-92	1893-95	1898-1900
	p. 100	p. 100	p. 100	p. 100
Europe (moins l'Autriche-Hongrie)...	18	17	16	15
Égypte...................	39	37	34	38
États-Unis, République Argentine, Uruguay et Chili.	26	25	24	21
Chine.................	25	21	18	17
Japon.................	45	34	33	21

(1) Memorandum, Cd. 1199, p. 10.
(2) Memorandum, Cd. 1199, p. 22.

Mais ce n'était pas seulement sur les marchés étrangers (1) que l'Angleterre éprouvait les effets de la concurrence allemande et américaine. Elle la ressentait vivement dans ses propres colonies, où elle se voyait enlever une partie de l'augmentation de leur commerce, qu'elle s'était crue assurée de garder (2) :

(1) D'après le memorandum de M. A.-S. Bateman ; Cd. 1199.

		Europe moins l'Autriche-Hongrie	Égypte	États-Unis Rép. Argentine Uruguay et Chili	Chine	Japon
Augmentation des importations totales entre 1884-85 et 1898-1900.	Millions de £.	+ 309.733	+ 3.827	+ 22.401	+ 13.544	+ 20.662
	p. 100.	+ 44.2	+ 11.1	+ 13.7	+ 61.0	+ 356.7
Augmentation des importations entre 1884-85 et 1898-1900. — du Royaume-Uni	Millions de £.	+ 28.682	+ 1.322	− 3.774	+ 510	+ 3.010
	p. 100.	+ 22.8	+ 38.8	− 8.7	+ 9.2	+ 116.7
de l'Allemagne	Millions de £.	+ 33.466	+ 356	+ 5.514	+ 1796	
	p. 100.	+ 31.3	+ 936.8	+ 31.3	+ 432.8	
des États-Unis	Millions de £.	+ 88.346	+ 183	+ 1.319	+ 2.033	+ 3.538
	p. 100.	+ 217.2	+ 167.9	+ 52.1	+ 262.0	+ 656.4

(2) Memorandum, Cd., 1199.

	1884-85	1890-92	1893-95	1898-1900
(Millions de liv. st.)				
Valeur totale des importations des possessions et colonies britanniques (moy. ann.).....	194	226	216	268
Part dans ces importations : *(Pourcentage)*				
Du Royaume-Uni.........	54	51	52	45
De l'Allemagne..........	0.8	2.4	2.1	2.8
Des États-Unis..........	8.6	8.1	8.5	11.8

L'ardeur avec laquelle l'Allemagne poursuit
la lutte sur tous les marchés, le développement
industriel extraordinaire manifesté par les
Etats-Unis pendant la dernière décade, éveil-
lent des craintes sérieuses en Angleterre. On
étudie de près la situation, et cet examen
amène des aveux désagréables. Les membres
du Comité de l'éducation technique du Conseil
de Comté de Londres, déclarent, après une enquête faite au cours de 1902, qu'il leur est impossible de résister à la conclusion que « pendant les vingt ou trente dernières années,
l'Angleterre, par suite de la concurrence des
pays étrangers, a perdu certaines branches
d'industries, et que, dans plusieurs autres branches, les industriels anglais se sont laissé distancer par leurs rivaux étrangers.... ». Ils ci-

tent parmi les industries ayant le plus souffert : les industries chimiques, notamment celles des couleurs d'aniline et autres produits tirés du goudron, les industries électriques, la fabrication des instruments d'optique, l'industrie mécanique (1). Les industries fondamentales elles-mêmes : textiles, métallurgie semblent également menacées. « Notre industrie cotonnière — dit M. Merttens, membre de la société de statistique de Manchester, — n'a pas seulement à redouter le développement de cette industrie en Amérique et en Allemagne. Elle souffre d'une cause plus sérieuse : la concurrence que nous fait la production nationale dans les divers pays. Notre exportation a été probablement plus atteinte par la construction de filatures et de tissages chez nos clients, un peu partout, dans le monde entier, que par les progrès de nos rivaux [dans le commerce international]. Nous n'expédions pas moins, annuellement, de 6 millions de liv. st. de machines pour l'industrie textile, et comme cette exportation augmente chaque année, et que, après tout, la con-

(1) London county council, Technical education board, report of the special sub-committee on the application of science to industry, 15 th. July, 1902.

sommation des articles de coton est limitée, nous ne pouvons guère espérer voir se développer nos exportations de cotonnades, nous devons plutôt nous préparer à voir se produire une contraction (1) ». L'avenir ne paraît guère plus favorable au même auteur, en ce qui concerne l'industrie métallurgique : « Les grandes réserves de l'Amérique, et les richesses minérales de l'Allemagne, plus limitées, mais seulement partiellement entamées encore, comparées à nos dépôts presque épuisés de minerai de fer, de cuivre, de plomb, d'étain, de zinc, constituent une sérieuse menace pour notre industrie... Les Etats-Unis et l'Allemagne ont d'importants avantages dans la possession de plus grandes ressources minérales, et dans les conditions de production et de distribution. Il est vraisemblable que non-seulement ces pays fourniront aux nations étrangères le fer, l'acier, le cuivre, le plomb, l'étain et le zinc à l'état brut, mais encore que nous serons obligés de leur acheter la quantité de ces métaux dont nous aurons besoin (2) ».

(1) F. Merttens, *op. cit.*, p. 121.
(2) F. Merttens, *op. cit.*, p. 125.

De son côté, le professeur W. J. Ashley (1) analysant les exportations anglaises pendant les vingt dernières années remarque que « les industries les plus anciennes et les plus importantes déclinent visiblement dans leurs exportations ou ne se maintiennent qu'avec une difficulté croissante » :

Proportion des industries fondamentales dans la valeur des exportations totales (2)

	3 principales industries textiles	Industrie métallurgique
1872...............	50.3 p. 100	18.34 p. 100
1879...............	47 —	15.40 —
1890...............	40 —	17.21 —
1898...............	34.7 —	12.40 —
1900...............	31.9 —	15.42 —

« La valeur totale des exportations n'a pas, à vrai dire, décliné de la même manière que la valeur de ces exportations particulières. La place de celles-ci a donc été prise dans une certaine proportion par d'autres produits ». De ces derniers, le plus important est le charbon : « Entre 1850 et 1900, — dit M. D.-A. Tho-

(1) W.-J. Ashley, prof. of commerce in the university of Birmingham : *The tariff problem*, p. 67.
(2) D'après le prof. Wagner : « Agrar-und Industriestaat », 2ᵉ ed., p. 210 ; cité par Ashley, *op. cit.*, p. 68.

mas, qui a fait une étude approfondie de cette question (1), — tandis que la quantité de charbon produite dans le Royaume-Uni et retenue pour la consommation nationale a plus que triplé, ou, par tête, un peu plus que doublé, l'exportation, en comprenant le charbon embarqué pour l'usage des vapeurs engagés dans le commerce étranger, a crû 15 fois, et a passé d'une proportion de 6,8 0/0 à 26 0/0 de la production totale. En valeur, cette exportation a progressé de 2 0/0 des exportations totales en 1850, [à 4,8 0/0 en 1880], et plus de 16 0/0 en 1900. En tenant compte des prix exceptionnels atteints par le charbon en 1900, il

(1) D.-A. Thomas : « The growth and direction of our foreign trade in coal »; *Journal of the royal statistical society*, 30 sept. 1903.

	Production du charbon dans le Roy.-Uni.	Exp. de charbon, coke, et charbon de soute.	p. 100 de l'exportation à la production.	Valeur totale des exportations	Valeur des exportations du charbon.	p. 100 de la val. du charbon à celle des exp. totales.
	millions de tonnes	millions de tonnes		millions livr. st.	millions livr. st.	
1850.	56.0	3.8	6.8	71.4	1.4	2.0
1860.	80.0	8.4	10.5	135.8	3.7	2.7
1870.	110.4	14.1	12.8	199.6	6.7	3.4
1880.	147.0	23.9	16.3	223.0	10.8	4.8
1890.	181.6	38.7	21.3	263.5	23.0	9.0
1900.	225.2	58.4	25.9	291.2	48.3	16.6

n'en résulte pas moins qu'il y a eu [dans les dernières années] une très grande augmentation dans l'importance relative de notre commerce étranger en charbon, que l'on compare la quantité exportée à la production totale, ou la valeur du charbon exporté à celle des exportations totales ». « En exportant son charbon, — dit le professeur Ashley, — la Grande-Bretagne vit évidemment sur son capital, car il ne pourra jamais être remplacé, et, suivant l'observation d'Adam Smith : ce qui serait une folie dans le cas d'une famille, ne peut guère être considéré comme de la sagesse dans le cas d'une nation... L'ironie de la situation est accentuée encore par le fait que le charbon sans fumée, si précieux pour la marine, qui forme une grande partie de notre exportation de charbon, est une des plus importantes munitions de guerre (1) ».

Indépendamment du charbon, les principaux produits dont l'exportation a été croissant dans les vingt dernières années ont été : les vêtements confectionnés, les condiments, confitures et fruits conservés, les toiles cirées, les articles de caoutchouc, le savon, les meubles,

____

(1) W.-J. Ashley. *op. cit.*, p. 104.

articles de bureau et de tapisserie, les cordes
et ficelles, et surtout les spiritueux (1). N'est-ce
pas là l'indice d'un changement important dans
l'organisation de l'industrie anglaise ? Ces industries sont précisément celles où « la masse
du travail employé est du travail bon marché
et inexpérimenté (unskilled)... L'Angleterre,
moins sûre des industries qui exigent un ap-
prentissage et assurent l'indépendance, se
tourne apparemment de plus en plus vers les
occupations pour lesquelles elle jouit d'un avantage sur l'Amérique et ses colonies mêmes,
par suite de la présence chez elle d'une masse
de travail bon marché, inférieur et docile (2) ».

Ce n'est pas seulement, d'ailleurs, sur les marchés étrangers et les marchés coloniaux que les
industriels allemands et américains concurren-
cent les produits anglais : c'est sur leur propre

(1) D'après W.-J. Ashley, *op. cit.*, p. 106.
Progression des exportations de 8 industries (milliers de liv. st.)

moy. ann.	vêtements confect.	toiles cirées	articles de caoutchouc	condiments, confitures, etc.
1883-87...	3.015	638	1.005	1.230 (?)
1898-1902.	5.207	1.247	1.325	1.453

moy. ann.	savon	mobil., art. de bur., etc.	cordes et ficelles	spiritueux
1883-87...	493	655	396	886
1898-1902.	967	672	500	3.950

(2) W.-J. Ashley, *op. cit.*, p. 110.

marché qu'ils les attaquent, souvent avec succès. Les statistiques des dix dernières années indiquent nettement un accroissement de l'importation des articles partiellement ou entièrement manufacturés venant de l'Allemagne et des États-Unis dans le Royaume-Uni, tandis que l'exportation des mêmes articles d'Angleterre en Allemagne témoigne une tendance contraire, et que l'exportation des produits manufacturés anglais aux États-Unis a baissé de 25 0/0 en dix ans :

	Importation des articles manufacturés d'Allemagne (et de Hollande) en Angleterre	Exportation des articles manufacturés d'Angleterre en Allemagne (et Hollande)
	moyenne ann., millions de liv. ster.	moyenne ann., millions. de liv. ster.
1891-93....	26.4	23.1
1894-96....	27.0	24.4
1897-99....	27.6	27.0
1900-02....	32.1	25.1

	Importation des articles manufacturés des États-Unis en Angleterre	Exportation des articles manufacturés d'Angleterre aux États-Unis
	moyenne ann. millions de liv. ster.	moyenne ann., millions de liv. ster.
1891-93....	10.7	23.0
1894-96....	11.6	16.4
1897-9)....	16.9	15.1
1900-02....	20.7	17.0

La concurrence allemande et américaine paraît plus redoutable encore par la forme qu'elle prend. A l'abri des barrières douanières élevées pour favoriser le développement de l'industrie nationale, les industriels de ces pays ont pu organiser leurs cartels et leurs trusts, véritables machines de guerre dirigées contre les autres nations. Assurés contre la concurrence étrangère sur le marché intérieur, capables de maintenir sur ce marché, grâce aux droits de douane, des prix artificiellement élevés, cartels et trusts peuvent impunément jeter sur les marchés extérieurs l'excédent de leur production à des prix tellement bas, parfois même inférieurs au prix de revient, qu'ils rendent la lutte impossible à leurs adversaires. C'est la fameuse politique du *dumping*, dont M. Chamberlain et les néo-réformateurs douaniers ont fait tant de bruit dans la dernière campagne. Suivant eux, cette politique ne peut être regardée comme temporaire : « Elle est le résultat naturel et véritable de l'évolution industrielle au point où elle est arrivée. A l'intérieur, elle consolide le marché et assure une plus grande régularité du travail ; à l'extérieur, c'est une arme dans la lutte commerciale entre nations, dont on ne peut espérer voir aucune d'elles consentir à se priver (1) ».

_____

(1) W.-J. Ashley, *op. cit.*, p. 131.

***

La discussion de ces statistiques, de l'importance de la concurrence étrangère, de la situation faite à l'industrie nationale par les changements récents survenus dans le monde économique, s'est poursuivie d'une manière incessante pendant les dernières années. Après les revues et les publications spéciales, les grandes revues, puis les magazines ont discuté à leur tour ces questions si graves pour l'avenir de la Grande-Bretagne. Le sentiment de sécurité qui dominait dans l'opinion publique a fait place à une vague inquiétude. Sous l'influence de ces appréhensions, la foi dans la politique suivie depuis un demi-siècle a été ébranlée et les fair-traders qui, en 1885, n'avaient pu, malgré leurs efforts, créer qu'une faible et éphémère agitation, ont vu leurs rangs grossir rapidement.

Les publicistes et les économistes qui avaient jeté le cri d'alarme attribuaient à la politique protectionniste, la cause principale du développement rapide et extraordinaire des industries allemande et américaine. « Derrière le mur de la protection, d'autres nations ont appris à fabriquer nos propres spécialités aussi bien que nous-mêmes, et ont ainsi réalisé ce vaste changement dans le monde industriel qui a eu lieu depuis que le Royaume-Uni s'est engagé dans la politique du free-trade, et qui commence à montrer que l'attachement inébranlable à cette politique, devenue une partie de l'évangile anglais, est une erreur (1) ».

Les statistiques ne montraient-elles pas, d'autre part, que le renouveau de la politique protectionniste dans un certain nombre de pays pendant les vingt-cinq dernières années avait fortement atteint l'industrie anglaise ? Le chiffre des exportations de l'Angleterre aux principaux pays protégés est demeuré stationnaire ou presque ; le développement des exportations n'a été dû qu'aux transactions avec les autres pays, et la part de ces derniers dans les exportations totales de l'Angleterre va continuellement en augmentant, au détriment de celles des pays protectionnistes.

(1) Sir Vincent Caillard, *op. cit.*, p. 52.

Exportation totale des produits d'origine anglaise (1)

	Aux pays et colonies protectionnistes		À tous les autres pays et colonies	
	Millions £	0/0	Millions £	0/0
1850.......	39.6	56	31.7	44
1860.......	69.7	51	66.1	49
1870.......	105.0	53	94.4	47
1880.	109.5	49	113.5	51
1890.......	121.5	46	141.9	54
1900.......	128.4	45	154.1	55
1902.......	116.0	42	161.5	58

Exportation des produits
entièrement et partiellement manufacturés

1850.......	38.0	57	28.7	43
1860.......	61.9	50	62.9	50
1870..	90.9	50	91.4	50
1880.......	93.3	47	104.8	53
1890.......	101.6	44	127.1	56
1900.......	94.5	42	130.6	58
1902.......	87.0	38	140.5	62

« L'étude des faits amène forcément à conclure que la politique du free-trade en Angleterre, existant concurremment avec la politique protectionniste en Allemagne, est en grande partie responsable de l'avance qu'a

(1) D'après le *Fiscal blue book*, Cd. 1761, p. 16 et 17.
Les pays étrangers et les colonies protectionnistes sont : Russie, Allemagne, France, Belgique, Hollande, Espagne, Portugal, Italie, Autriche-Hongrie, États-Unis, Canada et Victoria.

faite l'Allemagne aux dépens de l'Angleterre. Notre politique fiscale demande donc
à être modifiée, sinon refondue. La conclusion
est inévitable (1) ». Ne serait-ce pas folie pour
l'Angleterre de rester obstinément fidèle au
free-trade, dans un monde protectionniste, au
milieu de nations toutes plus acharnées les unes
que les autres à s'abriter derrière des droits de
douane de plus en plus élevés ?

Et, en vérité, cette situation n'est-elle pas plutôt une caricature du libre-échange, que le libre-
échange même ? « L'Angleterre n'a que la liberté
des importations, puisque à l'entrée de la plupart des marchés, et des plus importants, ses
produits doivent acquitter des droits élevés.
N'y a-t-il pas dans ce fait seul, pour l'industriel
anglais, un élément d'infériorité considérable ?
L'industriel allemand et américain peut travailler à la fois pour son marché national, où le
tarif douanier lui donne en fait un monopole,
et pour le marché anglais, sur lequel ses produits entrent en franchise. C'est en réalité un
marché de 42 millions d'individus qui s'ajoute
à son propre marché. Les Allemands ont ainsi

(1) E.-E. Williams, *op. cit.*, p. 104.

un libre champ d'action sur un marché de [42 + 58] 100 millions d'individus, dont plus de la moitié leur est réservé et les Américains peuvent envisager un marché de [42 + 78] 120 millions d'individus, sur les deux tiers duquel ils ont une situation privilégiée. L'industriel anglais, au contraire, par suite de l'absence de droits de douane à l'entrée du Royaume-Uni, n'est même pas sûr de son marché national. Comment un esprit raisonnable peut-il lui demander de montrer la même puissance compétitive que ses adversaires ? Il lui est aussi impossible de le faire que pour une maison avec une petite clientèle de lutter contre une maison avec une grande clientèle... Les *free imports* nous ont fait perdre notre suprématie dans le commerce extérieur, et elles mettent en péril notre existence même sur le marché intérieur. Elles font de nous de plus en plus une nation de distributeurs et d'intermédiaires... (1) ».

Les exigences des trade-unions relativement à la durée et aux conditions du travail, et à l'élévation des salaires étaient invoqués également en faveur d'une modification de la politique com-

(1) **The economices of Empire**, *National review* septembre 1903, supplément, p. 68 et 72.

merciale. Le travail des ouvriers anglais, plus onéreux et moins intensif que celui des ouvriers allemands et américains, ne met-il pas dans un état d'infériorité évidente l'industriel anglais ? Si les classes ouvrières veulent conserver leur situation privilégiée, le seul moyen efficace n'est-il pas de les protéger contre le travail meilleur marché de leurs concurrents étrangers ?

Ce sentiment de réaction contre le libre-échange se montra, à vrai dire, avec plus de vivacité tout d'abord chez les publicistes et un certain nombre d'économistes, prompts à construire des systèmes et à édifier des théories, que dans les classes industrielles elles-mêmes et dans le monde politique. Pourtant ce nouvel état d'esprit laissait l'opinion publique indécise en face de propositions qu'elle eût repoussées autrefois sans aucune hésitation. Et, dans ces dernières années, un certain nombre de mesures législatives ont été adoptées qui témoignent de l'affaiblissement général dans la foi libre-échangiste.

En 1887, à la suite de la grande enquête sur la situation du commerce et de l'industrie, qui avait appelé l'attention sur la concurrence

allemande naissante, le *merchandise marks act*
était voté. Cette loi avait pour but d'empêcher
l'emploi par les industriels étrangers sur leurs
produits de marques suggérant une origine anglaise. On prétendait que grâce à ce subterfuge
un grand nombre d'articles étrangers s'écoulaient dans les colonies, dont les acheteurs
n'auraient pas voulu, si leur provenance
réelle avait été connue. Les articles étrangers
portant une marque de cette nature, importés
dans le Royaume-Uni, durent à l'avenir être
revêtus de la mention « made abroad » ou
d'une mention spécifiant le pays de provenance. Le but poursuivi n'a d'ailleurs pas été
atteint : les acheteurs des colonies sont, dans
bien des cas, restés fidèles aux produits dont ils
avaient l'habitude et qui, en général, étaient
meilleur marché que les produits anglais,
mais, connaissant le pays de fabrication, ils
ont adressé directement leurs commandes au producteur, au lieu de passer comme autrefois par
l'intermédiaire d'une maison de commission
de Londres.

En 1897, une loi restrictive recevait l'adhésion du Parlement : le *prison-made goods act*
prohibe l'entrée dans le Royaume-Uni de toutes

marchandises fabriquées entièrement ou partiellement dans une prison, une maison de correction ou un pénitencier étranger.

Ces temps derniers, les tendances nouvelles se sont manifestées avec plus de netteté encore. En 1901, une Commission était nommée pour étudier la question des subventions données dans les pays étrangers à la marine marchande et leurs effets sur le commerce anglais. Le rapport reconnaît que ces subsides ont favorisé le développement de la concurrence contre l'industrie britannique et favorisé le transfert de ports anglais à des ports du continent de quelques branches du commerce colonial et étranger. Sans doute, les commissaires ne concluent pas à l'imitation de cette politique, mais ils suggèrent une mesure qu'on n'eût assurément pas osé proposer il y a une vingtaine d'années. Ils conseillent de réserver le cabotage dans la métropole et les colonies, où il est ouvert à tous les pavillons, depuis un demi-siècle, aux navires anglais et coloniaux et aux navires des seules nations qui concèdent le même privilège au pavillon anglais. Et la conclusion du fameux « Trust de l'Océan », qui a causé un réel émoi dans le public, a décidé le Gouvernement à se départir de son attitude traditionnelle et à prêter son appui financier à une compagnie de navigation. Estimant que la marine anglaise ne possède pas de vapeurs dotés d'une vitesse égale à celle des navires allemands, et que le monopole de cette vitesse par une compagnie étrangère est pour l'Angleterre une cause d'infériorité, le Gouvernement a fait avec la compagnie Cunard un accord par lequel celle-ci, en échange d'avances très libérales, s'engage à construire deux navires à grande vitesse pour la navigation de l'Atlantique (1).

L'acceptation donnée par le Gouvernement anglais à la Convention sucrière de 1902, est une autre manifestation de l'esprit interventionniste qui gagne peu à peu du terrain. Tout récemment, en mars dernier, le Gouvernement vient de présenter encore un projet de loi qui en témoigne. Conformément au rapport d'une Commission, qui avait été chargée d'étudier les critiques soulevées depuis quelques années par l'immigration sans restriction des étrangers, il propose de la réglementer, et il demande no-

(1) Convention du 30 juillet 1903 ; Cd. 1703.

tamment le droit pour l'administration de pouvoir interdire l'entrée en Angleterre des individus n'ayant aucuns moyens visibles ou vraisemblables d'existence.

Cette série de mesures indiquent bien que les Anglais ne considèrent plus de la même façon qu'il y a une trentaine d'années le rôle du Gouvernement à l'égard des questions purement économiques. C'en est fait de l'abstention intransigeante dans laquelle on exigeait qu'il demeurât; on accepte aujourd'hui de le voir, à l'occasion, s'en départir. Ecrivant, il y a peu de temps, un chapitre destiné à mettre au courant l'ouvrage classique de lord Farrer « *The state in its relation to trade* », sir Robert Giffen, indiquant les atteintes portées dans ces dernières années au free-trade, tel que l'entendait lord Farrer, critique quelque peu le dogmatisme de l'auteur, et déclare que « il est juste d'admettre que beaucoup de choses peuvent être faites pour des motifs politiques, qui ne sauraient être approuvées si les questions économiques étaient seules en jeu ». Le libre-échange a perdu dans l'opinion publique la situation particulière qu'il occupait. Il a cessé d'être pour elle un dogme, un principe intangible et comme sacré ; ce n'est plus désormais à ses yeux qu'une politique comme une autre, de laquelle des questions d'opportunité peuvent amener à se départir, dont on estime que l'application absolue puisse, dans certaines circonstances, devenir un danger.

Les attaques contre la politique actuelle, d'abord intermittentes, isolées, purement occasionnelles, se sont précisées, régularisées peu à peu, et, finalement, elles ont abouti à la formation d'une école économique « impérialiste » ou, comme certains auteurs l'appellent, « constructive (1) ». Les partisans de ces idées déclarent demeurer fidèles à la théorie libre-échangiste, mais ils affirment que le système existant,

(1) Les principales études publiées pour soutenir ces idées sont : *Imperial fiscal reform*, par sir Vincent H.-P. Caillard, 1903 ; — *The tariff problem*, par W.-J. Ashley, professor of commerce in the University of Birmingham, 1903 ; — *The economics of empire*, par l' « Assistant editor » de la *National review* ; deux suppléments spéciaux aux numéros de septembre et décembre 1903 de cette revue ; — *The fiscal policy of the empire*, série de 15 articles par « an economist » publiés dans le *Times*, de juin à septembre 1903 ; — *The principles of constructive economics*, par J.-L. Garvin, *National review*, mai 1904. — Ces études, dont la publication presque simultanée a été due à la campagne commencée en 1903, par M. Chamberlain, en faveur d'une réforme douanière, groupent et synthétisent les idées émises depuis plusieurs années dans les nombreux articles de revues qui discutaient ce sujet.

qui est, non pas le free-trade, mais simplement le système des *free imports*, des importations libres, met les industriels Anglais dans un état d'infériorité marquée vis-à-vis de leurs concurrents étrangers. Les procédés industriels actuels exigent, pour donner tous les avantages dont ils sont susceptibles, la production en quantités considérables. Plus l'industriel sera assuré d'un débouché important, plus il pourra recourir à un outillage puissant, dont l'effet sera de lui permettre d'abaisser son prix de revient. Mais, pour s'engager dans cette voie, il faut être assuré d'un marché étendu. Or, le producteur anglais, loin de jouir d'un marché extensible, voit au contraire le sien se rétrécir chaque jour. L'accès des marchés des grandes nations consommatrices lui est fermé par des barrières douanières élevées, tandis que ses concurrents allemands et américains, favorisés par l'étendue de leur marché intérieur, sur lequel une situation privilégiée leur est assurée, peuvent, grâce à cet avantage, venir l'attaquer sur son propre marché, où ses possibilités de vente sont réduites d'autant.

« La seule politique qui ait quelque chance de prévenir la décadence de ce pays, c'est une politique qui se proposera d'élargir la base sur laquelle son industrie repose (1) ». Rétablissement de droits à l'importation pour assurer sur le marché intérieur l'égalité de concurrence entre les producteurs nationaux et les producteurs étrangers et contrecarrer la politique du *dumping*, et pour donner au Gouvernement les armes dont il est dépourvu actuellement pour négocier avec les puissances protectionnistes des traités de commerce qui lui permettront d'obtenir d'elles, l'abaissement des droits de douane applicables aux produits anglais; recours le cas échéant à une politique de représailles contre les nations qui frapperaient ces produits de droits jugés exagérés : tel est le premier article du programme des néo-réformateurs douaniers. Son application rendra, espèrent-ils, à l'industriel Anglais la sécurité sur le marché intérieur. Mais ces mesures défensives « nécessaires pour préserver les industries anglaises de la destruction, ne doivent être regardées que comme des mesures temporaires et provisoires (2) ». Le Royaume-Uni n'offre qu'un marché trop étroit, trop peu

(1) W.-J. Ashley, *op. cit.*, p. 119.
(2) W.-J. Ashley, *op. cit.*, p. 120.

expansif, pour fournir les débouchés nécessaires à une puissance industrielle de pre
mier rang. Cette large base que la métropole
ne peut donner, l'Empire britannique ne serait-il pas susceptible de la fournir ? « Le
problème fondamental qui se pose pour la
Grande-Bretagne, -- dit le professeur Ashley,
— est de savoir s'il lui sera possible de trouver
dans un empire plus étroitement uni cette
base nécessaire à la prospérité économique,
qui lui échappe peu à peu sur les marchés
étrangers (1) ». « Le seul moyen grâce auquel
nous puissions éviter le sort d'un petit pays, —
écrit l'économiste du *Times*, — c'est de développer les ressources industrielles et commerciales de l'Empire, pour faire équilibre à celles
des grandes puissances continentales (2) ».

Sous l'influence des idées libre-échangistes,
les colonies et les possessions britanniques ont
été laissées libres depuis un demi-siècle de suivre la politique commerciale qui leur paraissait
la meilleure. Chaque partie de l'empire était
regardée comme une entité économique. L'Inde,
les possessions coloniales, situées pour la plu-

(1) W.-J. Ashley, *op. cit.*, p. 139.
(2) Vᵐᵉ article.

part dans la zone tropicale, ont adopté le free-trade, et ne font usage des droits de douane que comme ressource fiscale. Les colonies autonomes, au contraire : Canada, Australie, Nouvelle-Zélande, après s'être contentées pendant un temps d'un tarif purement fiscal, ont adopté une politique franchement protectionniste dans le but de développer sur leur territoire une industrie nationale et, profitant de la liberté qui leur était laissée, elles ont traité les produits métropolitains à l'égal des produits étrangers. Aucun plan suivi, aucune idée d'ensemble n'ont présidé au développement des richesses de l'empire. Son étendue, la variété des climats sur lesquels il s'étend, lui permettraient cependant de se suffire à lui-même : les produits alimentaires : blé, viande, produits de la laiterie ; une grande quantité des matières premières : laine, coton, peaux, etc., pour lesquels la métropole est actuellement tributaire de l'étranger, pourraient lui être presque totalement fournis par ses colonies, tandis que les industriels Anglais trouveraient dans ce marché de 400 millions d'individus, où la race blanche a encore, dans les régions de zone tempérée, des possibilités d'accroissement considérables, la large base dont ils ont besoin pour lutter avec succès contre leurs rivaux. La métropole et les colonies se prêteraient de la sorte un mutuel appui. Le Canada, l'Australie ne trouveraient-elles pas plus d'avantages à consacrer toute leur activité à la production agricole, qu'à s'efforcer d'introduire hâtivement chez elles, par des moyens artificiels et coûteux, une industrie qui manquera pour prospérer de l'étendue de débouchés nécessaires? Protégées sur le marché anglais contre la concurrence des autres pays, assurées d'un débouché rémunérateur, ces colonies deviendraient bientôt, l'une, le grenier de l'Empire, l'autre sa réserve de viande. La politique où elles sont engagées n'est d'ailleurs pas sans danger pour la métropole. « Si l'état de choses actuel continue, si les colonies se séparent de plus en plus au point de vue économique de la Grande-Bretagne, elles suivront indubitablement l'exemple de l'Europe et chercheront à fabriquer elles-mêmes ce dont elles ont besoin (1) ». Ce seront de nouveaux marchés qui se fermeront à l'industrie anglaise. « L'Empire britannique est à présent semblable

(1) W.-J. Ashley, *op. cit.*, p. 156.

aux parties séparées d'une colossale machine:
quelques-unes sont achevées, d'autres à peine
commencées, éparses au milieu des débris qui
parsèment l'atelier. Il nous appartient de les
achever et de les ajuster, en rejetant les résidus
qui rendent si difficile le travail même de construction. Quand l'œuvre sera terminée, nous
aurons un instrument parfait qui rendra d'excellents services à l'humanité pendant plusieurs
générations (1) ».

La tâche est difficile. Elle offre des analogies
avec celle accomplie par le Zollverein allemand,
et celui-ci a certainement inspiré les néo-pro-
tionnistes anglais. Mais les analogies sont plus
apparentes que réelles; l'Angleterre ne peut en
réalité bénéficier d'une expérience antérieure
capable de la guider. « La consolidation de
l'Empire britannique est un problème nouveau, pour la solution duquel ni l'expérience anglaise, ni celle d'aucun autre pays ne peuvent
suggérer les mesures précises à adopter (2) ».
C'est une vaste et audacieuse tentative, que
justifient aux yeux de ceux qui la préconisent
et qui ne s'aveuglent pas, du reste, sur les

(1) « An economist », *the Times*, IX⁰ article.
(2) « An economist », *the Times*, I⁰⁰ article.

difficultés d'exécution, le péril dont ils estiment l'industrie anglaise menacée, et les avantages considérables qui doivent résulter de la réalisation de ce grandiose projet, si on réussit à la mener à bien. L'idéal à poursuivre, c'est « l'établissement du free-trade dans l'Empire, tandis que ses différents membres resteraient libres d'établir à leur guise le tarif douanier applicable aux produits importés des pays étrangers (1) ». Mais ce but ne saurait être immédiatement atteint. Il ne sera possible d'y arriver qu'en passant par des étapes intermédiaires, et les réformateurs proposent de commencer par l'établissement d'un système de droits préférentiels destinés à favoriser sur tous les marchés de l'Empire les produits d'origine britannique.

Les raisons économiques paraissent donc militer aujourd'hui, auprès de nombreux esprits tout au moins, en faveur de la création de cette Fédération britannique que l'accroissement constant des charges financières rend si désirable, et que les appréhensions de l'avenir font regarder à beaucoup comme le seul moyen qu'ait l'Angleterre de sauvegarder sa suprématie politique.

(1) Sir Vincent Caillard, *op. cit.*, p. 95.

CHAPITRE IV

Union politique, union militaire ou union commerciale ?

L'empire colonial anglais est bien la construction la plus complexe que l'on puisse imaginer. On y trouve les formes politiques les plus diverses : du gouvernement absolu, dans l'Inde, au régime démocratique le plus avancé, dans les colonies australasiennes. La *Colonial office list* compte dans cet empire 45 gouvernements distincts, auxquels il faut ajouter, pour être complet, l'Inde et ses dépendances, qui a son organisation particulière. L'Empire indien, aux destinées duquel préside en Asie un gouverneur général, nommé par la couronne, est représenté dans la métropole par un secrétaire d'Etat particulier. Les « dépendances coloniales » relèvent toutes du secrétaire d'État pour les colonies. Celles-ci se divisent en deux catégories : les colonies de la couronne et les colonies autonomes. Les premières se subdivisent elles-mêmes en trois groupes. Dans les moins importantes, ou dans celles où domine le caractère stratégique, le pouvoir législatif est intégralement délégué par l'autorité métropolitaine au gouverneur. Au-dessus d'elles viennent les colonies auxquelles, par suite de la présence d'une population blanche assez considérable, la métropole a accordé, dans des proportions variables, suivant les circonstances, des institutions représentatives. Les unes ont un conseil législatif composé uniquement de membres nommés par la couronne et où les fonctionnaires figurent en nombre plus ou moins grand. Les autres ont un conseil législatif qui comprend, outre des membres nommés, une proportion variable de membres élus. Au sommet de l'édifice, sont placées les colonies autonomes. Celles-ci jouissent du gouvernement parlementaire. Leurs législatures sont élues, et bien que les ministres soient nommés par le gouverneur, ils sont responsables uniquement devant le Parlement de la colonie. Enfin, deux de ces dernières : le Dominion du Canada et le Commonwealth d'Australie, sont elles-mêmes des fédérations. Le Dominion, dont la création remonte à 1867, a absorbé toutes les colonies de l'Amérique du Nord, à l'exception de Terre-Neuve, qui ne tardera pas sans doute à s'agréger à son puissant voisin. Le Commonwealth, créé en 1900, groupe les six États australiens. La Nouvelle-Zélande, après quelque hésitation, a refusé d'adhérer à la fédération australienne, et semble décidée à conserver entière son autonomie. Les colonies Sud-Africaines ne sont pas encore groupées en fédération, mais cet événement désiré ne sera pas longuement retardé. Il s'effectuera sans doute aussitôt que l'on jugera possible de donner aux colonies récemment conquises du Transvaal et de l'Orange le gouvernement responsable.

C'est l'avenir des colonies autonomes qui préoccupe à bon droit les hommes d'État anglais. Les colonies de la couronne, malgré le régime libéral dont jouissent certaines d'entre elles, demeurent en fait soumises à la volonté du Gouvernement métropolitain, et celui-ci ne craint pas, le cas échéant, de porter la main sur leurs privilèges. Bien différente est la situation des *self-governing colonies*. Elles sont entièrement indépendantes en ce qui concerne leurs affaires intérieures, et la mère-patrie ne se sent plus assez forte pour porter atteinte à leurs institutions par un acte d'autorité. Les liens nominaux qui, seuls, subsistent entre elles et la métropole, suffiront-ils pour les maintenir longtemps encore dans l'allégeance de l'Angleterre ? Nous avons vu les raisons politiques et financières qui, indépendamment des raisons purement économiques, font désirer à celle-ci d'éviter une séparation à laquelle paraît devoir conduire cependant la situation anormale existante. Le jour où ces colonies se croiront assez fortes pour ne plus sentir la nécessité d'une protection étrangère, ou le moment où la Grande-Bretagne se trouvera entraînée dans une lutte dont l'enjeu leur sera indifférent, mais où leur qualité de colonies les exposera à être elles-mêmes attaquées, peut-on espérer que le sentiment de loyauté à la mère-patrie suffira à les empêcher de se proclamer indépendantes ?

Le seul moyen capable, semble-t-il, de les retenir sur la pente fatale où elles sont enga-

gées, c'est de les appeler à participer effective
ment au gouvernement de cet empire pour la
conservation duquel leur appui est jugé si précieux. En les élevant du rang de colonies au
rang de « nations-sœurs », ainsi qu'on a pris
depuis quelque temps l'habitude de les appeler,
en leur faisant place dans les conseils de l'empire, les liens distendus seraient resserrés, et
la mère-patrie aurait un fort argument pour
leur demander de prendre leur part des charges
communes auxquelles elles se refusent actuellement à contribuer. Mais le problème est difficile à résoudre. Il soulève de grosses difficultés
du côté de la métropole elle-même. Il n'en soulève pas moins du côté des colonies, et, jusqu'à
présent, leur obstination a mis à néant les
projets d'union politique et d'union militaire
auxquels les hommes d'État anglais ont tenté
d'obtenir leur adhésion.

Nombreux sont les plans qui ont été élaborés
pour assurer la participation effective des grandes colonies à la politique impériale. Les uns
ont proposé de les autoriser à envoyer des représentants à la Chambre des lords, mais le rôle
généralement passif de cette assemblée rend
l'offre peu attrayante. D'autres trouveraient pré-

férable d'ajouter aux Communes un certain nombre de membres qui seraient élus par les colonies, et répartis entre elles proportionnellement à leur population. Les critiques ont fait observer avec raison que ces nouveaux députés dérangeraient l'équilibre des partis politiques s'ils étaient autorisés à prendre part à tous les travaux parlementaires, dont une grande partie d'ailleurs ne les intéresserait nullement. S'ils ne devaient participer qu'aux débats des questions offrant un caractère impérial, le départ de celles-ci ne serait pas toujours aisé à faire dans la pratique. Enfin, la situation des colonies ne serait que peu améliorée : le faible chiffre de leur population ne leur donnerait droit qu'à un petit nombre de députés, et elles ne pourraient avoir qu'une influence minime dans la détermination de la majorité. On a pensé à adjoindre les agents généraux, plénipotentiaires officieux que les colonies entretiennent dans la métropole, au Conseil privé, où ils représenteraient leur gouvernement ; mais ce corps, par sa constitution même, ne se prête guère à recevoir un élément représentatif. Les innovateurs les plus hardis et les plus logiques ont proposé la création d'un Parlement fédéral

où la métropole et les colonies enverraient des
délégués, et qui aurait dans ses attributions
toutes les questions impériales. Mais ce projet
se heurte à la vive répugnance qu'éprouve le
peuple anglais à l'idée de voir dépouiller d'une
partie de ses droits et réduire au rôle de simple
législature locale ce vieux Parlement de West-
minster qui « ne connaît aucun supérieur sur
la terre et dont le pouvoir n'est limité que par
les puissances physiques de la nature ». D'autre
part, dans une Fédération formée de territoires
séparés les uns des autres par des distances
aussi considérables, il faudrait de toute nécessité donner à la couronne, au moins pour la
conduite des relations extérieures et des hosti-
lités, en cas de guerre, des pouvoirs très éten-
dus. Ici, on se heurte à la méfiance des colonies.

Il est inutile de s'arrêter davantage sur ces
projets. Les colons sont d'une intransigeance
farouche en tout ce qui concerne leur autonomie. Ils repoussent toutes les propositions d'u-
nion politique, de crainte de se voir obligés
tôt ou tard d'abandonner au gouvernement
nouveau, qui en serait l'organe nécessaire,
une partie des pouvoirs dont ils jouissent
aujourd'hui. Lors de la première conférence

coloniale, en 1887, les susceptibilités de certaines colonies avaient empêché que l'on discutât la question des relations politiques. A la conférence de 1897, où cette question fut abordée pour la première fois, les Premiers des colonies votèrent une résolution déclarant simplement que « dans les conditions actuelles, les relations politiques entre le Royaume-Uni et les colonies autonomes leur paraissaient généralement satisfaisantes (1) ». En 1902, la question n'avait pas avancé. Malgré les suggestions du Secrétaire colonial, qui eût voulu voir créer un Conseil de l'Empire, dût ce conseil n'avoir pour commencer que des attributions purement consultatives, les Premiers se sont bornés à souhaiter la réunion tous les quatre ans de Conférences où « les questions d'intérêt commun pour la mère-patrie et les Dominions d'outre-mer pourraient être examinées et discutées entre le Secrétaire d'Etat pour les colonies et les Premiers ministres des colonies autonomes (2) ». L'opposition formelle des colonies rejette ainsi loin dans l'avenir la réalisation des projets d'union politique.

(1) Blue book, C. 8596, p. 13.
(2) Blue book, C. 1299, p, IX.

Mais, l'édification de la Fédération britannique est, en réalité, le but final à atteindre. Vouloir commencer par elle, c'est oublier les habitudes prises, les tendances qui se sont fait jour sous le régime si voisin de l'indifférence, auquel ont été soumis pendant près d'un demi siècle les rapports de la métropole avec ses colonies. Ce n'est que lentement, sous la pression d'intérêts communs habilement utilisés, que l'on peut espérer donner naissance à un courant en sens contraire. L'édifice ne peut être construit d'une seule venue. Il faut se résigner à l'élever pièce à pièce, se contenter d'abord de constructions de moindre envergure, qui se fondront, l'œuvre achevée, dans le monument final. Des ententes spéciales, plus limitées, concernant des sujets d'intérêt commun, pourraient peut-être la précéder. Il en est deux qui semblent particulièrement désirables : l'une aurait en vue la défense de l'empire, l'autre se proposerait de développer les relations commerciales entre la Grande-Bretagne et la Plus-Grande-Bretagne.

L'union militaire avait eu, jusqu'à ces derniers temps, dans la métropole, le pas sur l'union commerciale. Elle paraissait d'une nécessité plus pressante, et ne soulevait pas les objections multiples que rencontre la seconde. Actuellement, l'Angleterre assume seule la responsabilité de la défense de l'empire et du commerce impérial, et elle supporte la presque totalité des charges que cette défense nécessite. Aucun plan d'ensemble, aucune entente n'existe pour assurer la coopération des forces éparses des colonies avec celles de la mère-patrie, et les colonies ne consacrent qu'une partie infime de leurs ressources aux services militaires qui leur incombent.

Les dépenses militaires de l'Empire s'élèvent à 1.270 millions de francs. L'Angleterre en paie 750 et l'Inde 470. Celle-ci entretient 75.000 hommes de troupes blanches, supposées nécessaires à sa sécurité. En réalité, cette armée constitue une réserve impériale dont la métropole use à son gré et qu'elle emploie, le cas échéant, dans d'autres parties de l'empire, à des entreprises où l'Inde n'a qu'un intérêt fort indirect. La dépendance politique où est cette dernière vis-à-vis de la métropole l'oblige à subir une situation aussi peu équitable, que les plus vives protestations de sa part n'ont pas encore réussi à modifier. Quelques colonies de la couronne :

Ceylan, Maurice, Hong-Kong, les Détroits, Malte, versent au trésor métropolitain des contributions forcément peu importantes, et dont le total n'atteint pas 10 millions. L'ensemble des dépenses militaires des colonies autonomes ne dépasse pas une quarantaine de millions : 3 0/0 à peine du montant de leurs revenus, alors que les dépenses de même nature absorbent près de 25 0/0 de ceux de la métropole. Les colonies doivent assurer leur sécurité intérieure et leur défense terrestre : à vrai dire, celle-ci est à peine organisée. Elles n'entretiennent qu'une force permanente insignifiante. La milice et des corps de volontaires peu nombreux, n'ayant qu'une médiocre instruction militaire, sont les seules forces dont elles disposent. Au Canada, les troupes permanentes s'élèvent à un millier d'hommes ; la milice, qui fait chaque année une brève période d'exercices, compte 37.000 hommes ; la réserve, prévue par la loi, n'existe que sur le papier. Les colonies australiennes entretiennent une force totale de 27.000 hommes, mais les troupes permanentes ne sont pour cet immense continent que de 1.920 hommes. La Nouvelle-Zélande a une force permanente de 300 hommes et 17.000 volontaires ;

quant à la milice, dont légalement tous les habitants mâles entre 17 et 55 ans font partie, elle n'est ni exercée, ni organisée. La colonie du Cap a une police montée de 2.000 hommes, un corps de riflemen d'un millier d'hommes et 7.000 volontaires. Le Natal a 665 hommes de police montée et 1.500 volontaires. L'organisation militaire des colonies est, en réalité, inexistante. La métropole; d'ailleurs, n'a pas le droit d'exiger d'elles l'envoi d'un seul homme hors de leur territoire. Cependant, lors de la guerre Sud-Africaine, le Canada, l'Australie et la Nouvelle-Zélande ont envoyé 30.000 volontaires combattre avec les troupes métropolitaines (1). Mais, outre qu'il serait imprudent de faire fonds sur une aide purement volontaire, le Gouvernement anglais s'est rendu compte de la difficulté d'employer des troupes manquant d'entraînement régulier, et peu accoutumées à la discipline. La sécurité de tous exigerait qu'une entente permit d'utiliser plus efficacement l'excellente matière militaire, quoique peu abondante encore, qui existe dans les colonies. Mais celles-ci refusent de rien aban-

____

(1) Le Canada a envoyé 8.400 volontaires ; les colonies australiennes, 16.400 ; et la Nouvelle-Zélande, 6.000.

donner à cet égard de leur indépendance actuelle.

Pour aucune d'elles, il est vrai, sauf pour le Canada, et en cas de guerre seulement avec les États-Unis, l'armée n'est un élément important de sécurité. C'est la flotte britannique qui garantit leur indépendance et protège également leur commerce avec la métropole et les pays étrangers. Or, des 880 millions que coûte la défense navale de l'Empire, la métropole en fournit 860. L'Inde y contribue pour 11 millions environ. Les 9 millions restants représentent la faible participation des colonies d'Australasie et de l'Afrique du Sud à ces charges.

Les dépenses militaires et navales pour la défense de l'Empire dépassent, réunies, annuellement le chiffre de 2 milliards de francs. Le Royaume-Uni y consacre plus de 1.600 millions, et le budget de l'Inde supporte de ce chef une charge de près de 500 millions. Quant aux colonies autonomes, dont la population blanche égale le quart de celle de la métropole, leurs dépenses pour cet objet n'atteignent pas 50 millions. Le contribuable anglais juge une pareille situation anormale, et les financiers métropolitains estiment qu'avec l'augmentation crois-

sante des dépenses, l'Angleterre ne peut continuer longtemps à supporter un pareil poids.
Le Secrétaire colonial, M. Chamberlain, a posé
nettement la question à la Conférence de 1902 :
« Les dépenses militaires et navales pour le
Royaume-Uni s'élèvent actuellement à 36 fr. 55
par tête. Au Canada, les mêmes objets n'occa-
sionnent qu'une dépense de 2 fr. 50 par tête ; dans
la Nouvelle-Galles du Sud, la dépense de ce chef
est de 4 fr. 25 ; en Victoria, 4 fr. 05 ; en Nouvelle-Zélande, 4 fr. 15 ; et dans les colonies du
Cap et du Natal, elle est de 2 fr. 50 et 3 fr. 75.
Personne, je crois, ne prétendra que c'est là
une distribution équitable des charges de
l'Empire. Personne ne croira que le Royaume-
Uni puisse pendant un temps indéfini faire ce
sacrifice démesuré. Tant que les colonies étaient
jeunes et pauvres, d'abord elles n'offraient pas
à l'ambition des puissances étrangères les tentations qu'elles offrent aujourd'hui, et en outre,
elles étaient, de toute évidence, incapables
d'affecter des sommes importantes à leur propre défense ; il était par suite juste et naturel
que la mère-patrie se chargeât de la protection
de ses enfants. Mais, à présent que les colonies
sont riches et puissantes, qu'elles se dévelop-

pent par sauts et par bonds, que leur prospérité matérielle leur permet de rivaliser avec celle du Royaume-Uni lui-même, je crois qu'il ne convient ni à leur position, ni à leur dignité comme nations, qu'elles laissent la mère-patrie supporter seule la totalité, ou la presque totalité de la dépense (1) ».

Pour l'armée, le Gouvernement anglais voudrait voir les colonies entretenir des contingents fixes de troupes à pied et montées, équipées et instruites comme les troupes métropolitaines, et qui pourraient être employées à des entreprises défensives ou offensives dans toutes les parties du monde. Pour la marine, le problème est différent. La défense des côtes, qui peut être efficacement assurée par les colonies elles-mêmes, ne concerne pas en réalité la marine. Le rôle de celle-ci est purement offensif. Le but qu'elle doit poursuivre, c'est la destruction de la flotte ennemie, pour se rendre maîtresse de la mer. L'important est donc de pouvoir réunir au point voulu, au moment opportun, la force navale suffisante pour assurer la victoire. Tandis qu'il n'y a pas de sérieux incon-

(1) Colonial conference, 1902, Cd. 1 299, p. 5.

vénient à ce que les colonies conservent sous
leur direction les troupes nécessaires à leur
sécurité, et qu'il reste ainsi, à côté de l'armée
impériale, des contingents coloniaux indépendants, la marine impériale, pour être efficace,
doit avoir, de toute nécessité, l'unité d'organisation et l'unité de commandement. C'est le
seul moyen d'assurer entre ses diverses frac-
tions l'action concertée nécessaire à l'accomplissement de sa tâche. L'aide des colonies devrait donc se traduire ici, uniquement par une
subvention en argent sans qu'il y soit mis aucune condition spéciale. Jusqu'à présent, les
colonies ont refusé d'adhérer à ce principe.

A la suite de la conférence de 1887, les colonies australasiennes conclurent avec la métropole un accord en vertu duquel elles s'enga-
geaient à verser annuellement à celle-ci une
contribution de 3.150.000 fr. à charge par l'Amirauté d'entretenir une force navale dont les
éléments étaient expressément fixés, et qui
devait rester dans leurs eaux, en temps de
guerre, comme en temps de paix. A l'occasion
du second jubilé de la reine, en 1897, la colonie du Cap offrit en hommage à la souveraine
la somme nécessaire pour construire un cui-

rassé, offre qui fut transformée ensuite en une contribution annuelle de 750.000 francs. Le Natal s'engagea également à donner une subvention de 300.000 francs. Malgré ses efforts, M. Chamberlain n'a obtenu à la conférence de 1902 que de bien modestes améliorations. Les colonies du Cap et du Natal ont consenti à élever leur contribution pour l'entretien général de la marine, sans spécification particulière, à 1.250.000 et 875.000 francs respectivement. Le Commonwealth d'Australie et la Nouvelle-Zélande ont porté leur subvention à 6 millions, mais ces colonies ont exigé une augmentation de la flotte affectée à leur sécurité, et, tout en se relâchant un peu de leurs exigences antérieures, elles ont encore voulu délimiter la sphère d'opérations de cette flotte (1). Ces restrictions sont

(1) *Colonial conference*, 1902, p. 24, texte de l'accord. La subvention du Commonwealth est fixée à 5 millions, et celle de la Nouvelle-Zélande à 1 million. L'augmentation de la subvention est compensée pour l'Amirauté par l'accroissement des dépenses que lui impose le nouvel arrangement : du fait du nombre plus élevé des navires dont se composera à l'avenir l'escadre australienne, et aussi parce que certaines dépenses que faisaient les colonies antérieurement pour l'entretien de réserves navales — sans efficacité, d'ailleurs, — s'élevant à près d'un million et demi, seront à l'avenir à la charge de l'Amirauté. (V. *Daily News*, 10 juillet 1903, lettre de Arthur H. Loring, secrétaire hon. de l'Imperial federation

l'expression des idées des colons australiens à l'égard de la défense. Ils ne s'intéressent en réalité qu'à la défense locale ; les nécessités de la marine impériale ne frappent pas leur esprit. S'ils consentent à voter la contribution actuelle, c'est qu'ils sont convaincus que l'escadre australienne obtenue à ce prix de la métropole, leur revient meilleur marché que s'ils devaient en construire une particulière et pourvoir à son entretien (1).

Quant au Canada, en 1902, de même qu'aux conférences précédentes, il a obstinément refusé d'acquiescer aux demandes du Gouvernement métropolitain. Le motif des objections faites par les ministres canadiens mérite de retenir l'attention. Suivant eux, « l'acceptation de ces propositions serait un important départ du principe d'autonomie coloniale (2) ». Le Dominion préfère donc créer une force navale

defence committee). — La sphère d'opérations de la flotte australienne est étendue par le nouvel accord aux mers de Chine et aux stations des Indes orientales.

(1) Suivant un memorandum de sir John Forrest, ministre de la défense du Commonwealth, la construction d'une escadre australienne indépendante ne coûterait pas moins de 90 millions, et les dépenses d'entretien, ainsi que l'intérêt du capital, absorberaient annuellement 25 millions : cinq fois la subvention actuelle du Commonwealth à l'Amirauté.

(2) Colonial conference, 1902. Cd. 1299, p. 73.

locale dans les eaux canadiennes, et le premier, Sir Wilfrid Laurier, a informé l'Amirauté que son gouvernement étudiait la mise à exécution de ce plan (1).

Hostiles à l'union politique et à l'union militaire, qui restreindraient leur indépendance actuelle, sans leur procurer, pensent-elles, des compensations suffisantes, les colonies ont témoigné au contraire, depuis assez longtemps déjà, le désir de voir conclure entre les membres de l'empire une entente commerciale pour faire sur leurs marchés respectifs une situation plus favorable aux produits britanniques qu'aux articles étrangers. Sous l'influence de la politique libre-échangiste, l'Angleterre a complètement aboli les droits préférentiels qui existaient jusque vers le milieu du XIXe siècle, en faveur des produits coloniaux. Après l'achèvement de la réforme douanière, qui réduisait à une quinzaine le nombre des articles frappés par le tarif métropolitain, ces produits cessè-

(1) Colonial conference, 1902. Cd. 1299, p. 18.

rent de bénéficier d'avantages particuliers. Par contre, la métropole laissa ses colonies autonomes libres de construire à leur guise leurs tarifs douaniers. La même pratique s'établit également à l'égard des autres colonies, sur le territoire desquelles les produits étrangers entrent aux mêmes conditions que les produits anglais. Il n'existe ainsi pas moins d'une quarantaine de tarifs douaniers, absolument indépendants les uns des autres, pour les colonies et possessions de l'Empire britannique. L'organisation d'un Gouvernement fédéral a eu pour résultat l'adoption, au Canada, depuis 1867, en Australie, depuis 1901, d'un tarif commun à toutes les provinces ou états composant la Fédération. En Afrique du Sud, l'union douanière a précédé l'union politique. Une convention, conclue en mars 1903, a établi pour toutes les colonies Sud-Africaines un tarif commun. La Nouvelle-Zélande, Terre-Neuve, ont leur tarif particulier. L'Inde a son tarif, Ceylan a le sien, et il en est ainsi pour toutes les colonies de la couronne (1). Dans ces dernières

(1) Le *Statistical abstract for the several colonial and other possessions* résume dans une série de tableaux les droits d'importation et d'exportations perçus par les colo-

colonies, les droits de douane sont demeurés purement fiscaux. Il en a été assez longtemps ainsi, également, pour les colonies autonomes. De bonne heure cependant, au Canada, le désir de favoriser la création d'une industrie nationale, provoqua l'adoption d'une politique protectionniste. Sous une influence analogue, la colonie australienne de Victoria entra dans la même voie. Cependant, jusqu'à une époque récente, on pouvait espérer que les tendances libérales finiraient par prévaloir dans les colonies autonomes, et, en 1882, un écrivain de valeur, George Baden-Powell (1), croyait encore qu'il serait possible d'édifier un Empire britannique libre-échangiste. Depuis, les tendances protectionnistes ont été au contraire en s'accentuant dans les colonies autonomes, différenciant de plus en plus leur tarif de celui de la métropole.

A la conférence de 1887, M. Hofmeyr, représentant de la colonie du Cap, présenta un projet pour « favoriser une union plus étroite entre les

nies sur les principaux produits. Le détail complet des droits est donné dans une publication annuelle: *The Colonial import duties return.*

(1) Cité par sir Charles Dilke, *op. cit.*, t. II, p. 338.

diverses parties de l'Empire britannique, au moyen d'un tarif douanier impérial ». Il proposait de percevoir sur les produits étrangers, dans tout l'empire, un droit spécial de 2 0/0, qui se superposerait aux droits existants. Les revenus tirés de ce droit auraient été spécialement affectés à la défense navale. Ce projet eût nécessité une modification radicale de la politique commerciale de l'Angleterre. L'opinion métropolitaine y était alors franchement hostile. La proposition de M. Hofmeyr n'eut donc aucune suite.

En 1894, Cecil Rhodes, qui croyait impossible pour l'Angleterre de continuer longtemps sa politique libre-échangiste dans un monde protectionniste, et souhaitait voir les membres de l'Empire britannique liés par des intérêts économiques communs (1), essaya une tentative initiale dans ce sens. Il s'agissait d'organiser, d'accord avec le Gouvernement métropolitain, l'administration du Matabeleland et du Mashonaland, territoires attribués par sa

______

(1) Lettres de Rhodes aux Premiers du Canada et de New South-Wales, mai 1871 (publiées dans le Weekly Times, 4 septembre 1903), — et discours à la deuxième assemblée générale de la Chartered Cᵉ, 29 novembre 1892 ; *Cecil Rhodes, political life and speeches*, p. 316.

charte de constitution à la British South Africa Cº. La compagnie devait recevoir le droit d'imposer des taxes douanières. Rhodes demanda que le taux maximum de ces droits, en ce qui concernait les marchandises britanniques, fut limité aux taux appliqués par le tarif de l'union douanière Sud-Africaine (1), tarif qui n'avait qu'un caractère fiscal. Il voyait dans cette limitation l'adoption d'un principe suivant lequel les colonies devraient s'interdire, en reconnaissance des dépenses faites par la métropole pour assurer leur développement, de mettre, au moyen de droits protecteurs, des obstacles à l'entrée des articles manufacturés métropolitains sur leur territoire. Cette clause, qui n'avait aucune importance pratique immédiate, était curieuse par la tendance qu'elle indiquait. Le Gouvernement anglais refusa de l'adopter, prétendant qu'elle serait contraire aux conventions existantes entre l'Angleterre et les pays étrangers (2).

La même année, cette question des relations

----

(1) Cette union, conclue en 1888, ne comprenait alors que la colonie du Cap, l'Etat libre d'Orange, et le protectorat du Bechuanaland.

(2) *Report of the British South africa Cº*, for 1892-1894 ; p. 27-30.

commerciales était soulevée à la conférence intercoloniale d'Ottawa, qui réunissait les représentants des colonies autonomes (1). Les délégués tombèrent d'accord sur l'utilité de développer les rapports commerciaux entre les membres de l'Empire, voyant dans ces efforts « le meilleur moyen d'assurer sa stabilité et sa prospérité ». Pour atteindre ce but, ils proposaient la conclusion d'arrangements douaniers « mettant le commerce entre les diverses parties de l'Empire sur un pied plus favorable que le commerce avec les pays étrangers », et, en attendant que la métropole jugeât bon d'adopter cette politique, ils suggéraient la conclusion d'arrangements de ce genre entre les colonies elles-mêmes. Des obstacles législatifs et conventionnels s'opposant à cette politique, les délégués demandèrent à la métropole de les faire disparaître. Les constitutions des colonies australiennes, qui leur permettaient de faire à leur gré leur tarif douanier, leur interdisaient cependant l'usage de droits différentiels. Une loi de 1873 leur avait bien permis

____

(1) V. Egerton : *op. cit.*, p. 452, et O. Festy : L'Impérialisme britannique et la conférence d'Ottawa, *Annales de l'École libre des sciences politiques*, 15 mai 1895.

de conclure des arrangements commerciaux entre elles, mais il leur était encore impossible d'user de ce droit à l'égard des autres colonies. Elles étaient ainsi placées dans une situation différente de celles du Canada et du Cap, pour lesquelles aucune interdiction de ce genre n'existait. En outre, certaines obligations conventionnelles du Royaume-Uni paraissaient susceptibles de mettre obstacle à la conclusion d'arrangements douaniers entre les colonies et, en tout cas, s'opposaient à l'adoption d'une politique de cette nature entre elles et la métropole.

Dans les traités de commerce conclus par la Grande-Bretagne avec la Belgique, le 23 juillet 1862, et avec le Zollverein allemand, le 30 mai 1865, une clause stipulait, en effet, que les produits de ces pays ne pourraient être frappés, à l'importation dans les colonies et possessions anglaises, de droits plus élevés ou d'autres droits que ceux frappant les produits similaires d'origine britannique. Le bénéfice de cette stipulation s'étendait pratiquement, par suite du principe du traitement de la nation la plus favorisée, à tous les pays avec lesquels l'Angleterre est en relations (1). Suivant le Gouvernement anglais, ces traités n'empêchaient pas la conclusion d'arrangements intercoloniaux, mais les colonies estimaient qu'ils limitaient leur droit de décider seules de leur politique douanière, et que, le cas échéant, ils empêcheraient la conclusion d'une entente entre elles et la métropole. La conférence demanda donc l'abrogation de cette clause.

En 1895, une loi retira les limitations qui restreignaient la liberté des colonies australasiennes en ce qui concernait l'usage des droits différentiels, mais le Gouvernement métropolitain refusa de considérer la proposition d'arrangements douaniers avec les colonies et d'engager des négociations pour faire modifier les traités de 1862 et de 1865. La résolution votée par la conférence d'Ottawa, pour la conclusion d'accords intercoloniaux, ne reçut pas d'application.

(1) Chose curieuse, il n'existe dans les archives du *Foreign Office* aucune note indiquant les circonstances ou les raisons qui firent adopter cet article. « Son insertion, — suivant lord Salisbury — a été due probablement à une négligence, ou à un manque de considération suffisante relativement aux conséquences qu'il entraînerait ». *Commercial*, n° 5 (1903) ; dépêches n° 9 et 11.

En 1897, le Canada adoptait une politique commerciale qui souleva de nouveau la question délicate de l'établissement de droits préférentiels entre la métropole et les colonies. Aux élections de 1896, le parti libéral avait remplacé au parlement du Dominion les conservateurs, qui étaient restés au pouvoir, sans interruption, depuis 1878. Ces derniers avaient été les champions d'une politique protectionniste, plus généralement désignée sous le nom de politique nationale, qui avait en vue de hâter le développement de l'industrie canadienne. Les libéraux, au contraire, étaient partisans d'une politique plus modérée. cherchant avant tout dans les droits de douane des ressources financières. Ils préconisaient également la conclusion d'un traité de réciprocité commerciale avec les Etats-Unis, avec lesquels le Canada fait plus de 45 0/0 de son commerce total (1). L'adoption par les Etats-Unis, en mars 1897, du tarif Dingley, qui rétablissait la protection exagérée, qu'avait légèrement atténuée le tarif de 1894, fit perdre aux libéraux canadiens tout espoir de traiter avec les américains. Désireux de tenir, au moins

(1) Le Canada avait conclu en 1854 un traité de réciprocité avec les Etats-Unis, mais ce traité avait été dénoncé en 1866.

partiellement, les engagements pris vis-à-vis de leurs électeurs, désireux aussi, vraisemblablement, de faire pièce à leurs voisins, ils cherchèrent à leur susciter une concurrence dangereuse. Le tarif canadien de juin 1897 établit un tarif de réciprocité, dont les droits étaient inférieurs de 1/8 0/0, et à partir du 1er juillet 1898, de 1/4 0/0, à ceux du tarif général. Ces droits de faveur devaient être accordés aux pays étrangers qui recevraient les produits du Canada à des conditions aussi avantageuses que celles faites à leurs produits par le tarif de réciprocité. Le Royaume-Uni fut de suite admis à bénéficier de cette clause. En soumettant cette mesure au Parlement, M. Fielding, ministre du commerce, disait : « La Grande-Bretagne nous a donné la liberté de frapper ses marchandises alors qu'elle admettait les nôtres en franchise, et nous les avons frappées de droits énormes. Pourquoi attendre davantage ? Quelqu'un en cette matière doit faire les premiers pas ; nous proposons que le Canada donne l'exemple ». Ce faisant, le ministère canadien rispostait à la politique intransigeante des Etats-Unis, réalisait une diminution des droits de douane et enlevait à l'opposition, qui favorisait l'octroi de faveurs particulières à la métropole, un élément de succès. Mais, avant même que le tarif fut voté, les Gouvernements belge et allemand réclamèrent pour leur pays, en vertu de leurs traités de 1862 et de 1865 avec l'Angleterre, les avantages du traitement particulier que le Canada se proposait d'accorder à celle-ci. Les termes de ces conventions étaient trop explicites pour que cette demande pût-être repoussée, et le Canada dut, malgré sa répugnance, s'incliner. Il demanda d'ailleurs immédiatement à la métropole de prendre les mesures nécessaires pour lui rendre sa liberté.

La question des relations commerciales fut de nouveau examinée à la Conférence coloniale de 1897. Les Premiers des colonies adoptèrent à l'unanimité une résolution recommandant « la dénonciation, aussitôt que possible, des traités entravant les relations commerciales entre la Grande-Bretagne et ses colonies ». Le Gouvernement anglais ne résista pas davantage. Le 30 juillet 1897, il dénonçait les malencontreux traités de 1862 et de 1865, qui expirèrent l'année suivante. De leur côté, les Premiers promirent de rechercher « si l'amélioration des rapports commerciaux entre la métropole et les colonies pouvait être obtenue par l'octroi de la part des colonies de droits préférentiels aux produits du Royaume-Uni (1) ».

Malgré l'abrogation des traités belge et allemand, la forme de la clause de réciprocité du tarif canadien était susceptible de causer des déboires au Canada. La plupart des traités de commerce conclus par la Grande-Bretagne, qui assurent aux contractants la jouissance réciproque du principe de la nation la plus favorisée, s'étendent également aux colonies anglaises. Il suffisait ainsi qu'une de ces puissances eût un tarif assez modéré pour pouvoir demander au Canada le bénéfice de son tarif de réciprocité, pour que celui-ci se trouvât obligé, s'il le lui accordait, d'en étendre les avantages à d'autres nations qui ne lui donneraient rien en échange. Pour obvier à cet inconvénient, le Canada modifia sa loi douanière. La loi du 13 juin 1898 limita expressément au Royaume-Uni, et aux colonies et possessions britanniques faisant des conditions jugées équivalentes aux produits canadiens, le bé-

(1) Conférence coloniale de 1897. C. 8596, p. 14.

néfice de la réduction de 25 0/0 sur le tarif général, réduction portée, en 1900, à 33 1/3 0/0 (1).

En 1902, lorsque la troisième conférence coloniale se réunit, le Canada était encore la seule colonie qui accordât aux produits métropoli. tains des avantages particuliers sur son marché. Dans son discours d'ouverture, le Secrétaire colonial insista sur la nécessité de favoriser le mouvement commercial entre les membres de l'Empire, mais il était obligé de constater la divergence d'opinion existant, quant aux moyens à employer, entre la métropole et les colonies. La répugnance de la première à abandonner la politique libre-échangiste était un obstacle difficile à surmonter. Cependant, M. Chamberlain laissait entendre que, si les colonies acceptaient l'établissement du free-trade dans l'Empire, l'Angleterre consentirait peut-être à modifier sa politique en leur faveur :

(1) Loi du 7 juillet 1900. — La loi du 13 juin 1898 accordait également : à la colonie des Bermudes, aux Indes occidentales anglaises et à la Guyane anglaise, le bénéfice du tarif de réciprocité. Par des ordonnances spéciales : l'Inde anglaise, Ceylan, les établissements des Détroits et la Nouvelle-Galles du Sud furent également appelés à en jouir. La Nouvelle-Galles a cessé d'en bénéficier depuis janvier 1903, par suite de son adhésion au Commonwealth d'Australie.

« Aussi longtemps qu'un tarif de préférence sera assez protecteur pour nous exclure ou presque de vos marchés, que nous importe que vous imposiez des charges plus lourdes sur les marchandises similaires venant de marchés étrangers, surtout si [par suite de la construction de vos tarifs], les produits qui intéressent le plus les étrangers entrent à des conditions plus favorables que les nôtres? (1) ». Les Premiers affirmèrent l'impossibilité pour les colonies d'adopter un système général de libre-échange entre la mère-patrie et les Dominions britanniques d'outre-mer. En même temps, ils renouvelaient l'expression de leur confiance dans le principe de l'octroi d'avantages mutuels exclusifs entre elles pour stimuler et développer leurs relations commerciales, et ils adoptèrent une résolution engageant les colonies qui n'avaient pas encore adopté cette politique, à donner « autant que les circonstances le leur permettraient, un traitement de préférence efficace aux produits et articles fabriqués du Royaume-Uni ». Mais les Premiers, sans l'exprimer en termes formels, laissaient

(1) M. Chamberlain, à la Conférence coloniale de 1902. Cd. 1299, p. 8·

clairement entendre que ces faveurs devaient
être payées de retour. Ils appelaient « respec-
tueusement l'attention du Gouvernement de
Sa Majesté sur l'utilité d'accorder dans le
Royaume-Uni un traitement de préférence aux
produits coloniaux, en les exemptant de tout
ou partie des droits existants ou pouvant être
établis dans l'avenir (1) ».

La portée de cette demande de réciprocité
était aggravée par l'attitude du Canada. En pro-
posant le tarif de 1897, le gouvernement canadien avait présenté la mesure de faveur accordée à la métropole comme une simple mesure
d'équité, que la colonie devait adopter sans rien
exiger en retour. Le rétablissement par la métropole, en avril 1902, d'un droit d'entrée sur
le blé, rendit difficile la situation du ministère
Laurier. L'opposition, les partisans mêmes du
ministère demandèrent que le Gouvernement
anglais exemptât de ce droit le blé canadien,
et, avant son départ pour Londres, où il se
rendait pour assister aux fêtes du couronne-
ment, sir Wilfrid Laurier déclara que l'établissement par la métropole d'un droit d'impor-

(1) Cd. 1299, p. 36.

tation sur le blé était une mesure « qui permettrait d'obtenir d'elle des avantages pour les produits canadiens ». Une demande d'exemption de ce droit, adressée au trésor par le Haut-Commissaire du Canada, fut repoussée. Le chancelier de l'Échiquier répondit que si des avantages spéciaux étaient accordés aux colonies sur les bases douanières étroites existantes, un petit nombre d'entre elles seulement seraient favorisées ; ce serait, pour les autres, un motif légitime de mécontentement que la métropole ne pouvait leur donner. D'autre part, si une tentative était faite pour les satisfaire toutes, il faudrait imposer les produits alimentaires et les matières premières venant des pays étrangers, ce qui amènerait un trouble profond dans le commerce métropolitain, mettrait en danger la suprématie commerciale de l'Angleterre, et vraisemblablement aurait pour effet simultané une diminution des salaires et une élévation du prix de la vie (1). Sir Wilfrid profita de sa présence à Londres pour préciser l'attitude qu'entendait prendre le gouvernement canadien. Celui-ci

(1) Diplomaticus, *Fortnightly review*, décembre 1902.

était disposé, si le Gouvernement impérial acceptait le principe du traitement de préférence, et s'il exemptait les produits alimentaires du Canada des droits d'importation existants, à augmenter les avantages déjà accordés à la métropole. Par contre, le Premier canadien déclarait nettement que « si après avoir fait tous ses efforts pour amener ce remaniement de la politique fiscale de l'Empire, le Canada s'apercevait que le principe du commerce préférentiel n'était acceptable ni aux colonies, ni à la mère-patrie, il se regarderait libre d'adopter la conduite qu'il jugerait convenable dans ces conditions (1) ». Et, quelque temps après, en rendant compte au Parlement du Dominion des résultats de la conférence, le ministre des finances, M. Fielding, insistait encore sur cette question : « Si le Gouvernement et le peuple anglais ne témoignent pas qu'ils apprécient les avantages qui sont faits au commerce du Royaume-Uni, ils ne pourront pas se plaindre si nous jugeons convenable de changer notre tarif préférentiel (2) ».

Ainsi, les tentatives faites jusqu'à présent

(1) Memorandum by Canadian ministers. Cd. 1299, p. 36.
(2) A la chambre des Communes, 16 avril 1903

pour amener l'établissement de rapports nouveaux et plus étroits entre les colonies autonomes et la métropole ont montré la répugnance invincible des colonies à s'engager dans la voie d'une union politique ou même plus simplement d'une union militaire. Elles n'accepteraient de conclure que des accords commerciaux, en raison des avantages matériels que les colons espèrent en retirer. Mais l'adoption de cette politique nécessiterait pour l'Angleterre l'abandon du free-trade, et l'adhésion aux désirs des colonies lui est rendue d'autant plus difficile que les importations de celles-ci dans la métropole consistent uniquement en produits alimentaires et en matières premières. Frapper de droits d'entrée les produits similaires venant de l'étranger, pour favoriser les colons dont les envois seraient exemptés en tout ou partie de ces droits, c'est exposer la population à un renchérissement du prix de la vie et l'industrie à un relèvement du coût de production, dont les conséquences peuvent être dangereuses au point de vue économique. Il y a vingt ans, la même proposition faite par la *Fair-trade league* fut à peine discutée. Le mouvement de réaction qui s'est opéré pendant ces dernières années en Angleterre contre la politique libre-échangiste, sous la pression de la concurrence allemande et américaine, a produit un changement d'opinion et fait regarder aujourd'hui, nous l'avons vu, comme désirable une entente commerciale entre la métropole et les colonies, entente qui pourrait conduire plus tard à la conclusion d'une union militaire, et enfin à l'édification de la « Fédération britannique ». C'est à la tête de ce mouvement que s'est mis l'année dernière M. Joseph Chamberlain, qui a fait entrer ainsi dans la politique pratique des idées qui risquaient de demeurer longtemps encore dans le domaine de la théorie.

CHAPITRE V

La politique de M. Joseph Chamberlain

L'adoption par le Canada d'un tarif douanier accordant aux produits anglais le bénéfice de droits réduits avait été, naturellement, accueillie avec plaisir dans la métropole. Les partisans du fair-trade et d'une union douanière britannique y voyaient le premier pas vers la politique qu'ils préconisaient. Ils jugeaient impossible pour l'Angleterre de laisser pareille avance sans réponse. Les free-traders voulaient voir, au contraire, dans cet acte du Dominion, l'indice d'un affaiblissement de la politique protectionniste et de la possibilité d'un acheminement des colonies autonomes vers une politique plus libérale qui les rapprocherait peu à peu du libre-échange. L'attitude des ministres canadiens à la conférence de 1902, leur demande très nette de voir exempter les blés importés du Canada du droit d'entrée sur les céréales rétabli quelques mois plus tôt, fut pour les free-traders une déception, et mit le Gouvernement anglais dans un grave embarras. Satisfaire à cette demande, c'était s'exposer à voir les autres colonies réclamer à leur tour des avantages particuliers pour leurs produits ; c'était s'engager dans une politique nouvelle, destructive du libre-échange. Le cabinet présidé par M. A.-J. Balfour était impérialiste, quelques-uns de ses membres inclinaient pour le fair-trade, mais la majorité refusa d'inaugurer ainsi, à la dérobée, une réforme aussi importante. Comme, d'autre part, il ne fallait pas donner prise aux susceptibilités du Canada, le droit d'entrée sur les céréales, qui avait soulevé une si malencontreuse question, fut aboli en 1903. Toute difficulté paraissait écartée, lorsque M. J. Chamberlain porta brusquement le débat devant le public et créa une agitation en faveur de la réforme douanière, suivant lui, préambule nécessaire de la Fédération britannique.

Envoyé au Parlement en 1876, par la ville

de Birmingham, M. Chamberlain y entrait avec la réputation d'un radical avancé, partisan du socialisme municipal dont il avait, comme membre du *Town-council*, puis comme maire, poussé l'application avec une grande vigueur dans la capitale des Midlands. Pendant 10 ans, il soutint aux Communes la politique de Gladstone, qui l'avait appelé comme collègue dans son ministère, après les élections générales de 1880. Durant cette période, M. Chamberlain consacra son activité aux réformes intérieures. La Grande-Bretagne seule retenait son attention. Il était le porte-parole des classes ouvrières, des faibles et des opprimés. Au nom de leurs intérêts, il s'opposait à une politique d'expansion qui devait avoir pour résultat l'accroissement des dépenses nationales, et à l'abandon du free-trade pour le fair-trade. En 1885, il accablait de ses sarcasmes et de son ironie les précurseurs de la réforme douanière. Le free-trade n'avait pas alors de plus ardent défenseur. L'année suivante, M. Chamberlain rompait avec Gladstone. Il refusait de le suivre dans sa politique du *home rule* pour l'Irlande, et, après une courte période d'indécision, il rejoignait les libéraux-unionistes, dont il devenait le chef aux Communes. Allié des conservateurs, il combattit pour eux avec autant de vigueur qu'il avait combattu pour les libéraux. Mais ses thèses radicales d'autrefois n'étaient plus de mise : il les oublia. C'était le moment où le sentiment impérialiste commençait à prendre de la consistance ; lord Rosebery, un des pionniers de ce mouvement, y trouvait un accroissement de popularité. M. Chamberlain, portant ses regards au delà des Iles Britanniques, se mit à son tour à penser « impérialement », et résolut de confier sa fortune politique à ce courant d'idées. Les néophytes sont généralement les croyants les plus enthousiastes : il en fut ainsi du nouvel impérialiste. Secrétaire colonial dans le ministère formé par lord Salisbury, en 1895, il résolut d'édifier la Fédération britannique, d'accomplir l'œuvre dont les hommes d'Etat les plus convaincus de son utilité, conscients des multiples difficultés à vaincre, des redoutables écueils qu'ils apercevaient sur la route, n'avaient pas encore osé aborder l'exécution.

M. Chamberlain ne rencontra pas auprès des colonies l'accueil qu'il avait espéré. Il dut abandonner le projet de la création d'un Conseil impérial permanent, qui grouperait des représentants de la métropole et des colonies, et servirait de base à la modification des rapports politiques existants entre elles. La proposition plus modeste de l'organisation d'un simple Conseil de défense, où les colonies enverraient des délégués, justification d'une contribution plus grande de leur part aux dépenses navales de l'Empire, n'eut pas un meilleur sort. L'attitude des Premiers coloniaux aux conférences de 1897 et de 1902, qu'il présida en qualité de Secrétaire colonial, convainquit M. Chamberlain de l'impossibilité de rien obtenir des colonies sur le terrain politique et financier, à moins que l'on commençât par leur accorder des avantages particuliers pour leurs principaux produits sur le marché métropolitain. Lors de la discussion du budget de 1903, il demanda vainement à ses collègues d'acquiescer à la demande du Dominion, d'exempter le blé canadien de tout ou au moins de partie du nouveau droit sur le blé, et d'inaugurer ainsi une politique commerciale impérialiste. N'ayant pu les convaincre, quelques jours après le vote par le Parlement du budget qui abrogeait le droit d'entrée sur le blé, écartant ainsi tout prétexte à une nouvelle demande de cette nature, il portait la question devant le pays (1).

L'attitude délibérée prise par **M. Chamberlain** sur cette question amena la désunion dans le cabinet Balfour. Certains de ses membres inclinaient à accepter les idées du Secrétaire colonial, mais quelques-uns et particulièrement le chancelier de l'Echiquier, M. Ritchie, ne voulaient voir porter aucune atteinte à la politique libre-échangiste. D'un commun accord, on décida de suspendre toute décision jusqu'à l'automne. Le chef du Gouvernement, M. A.-J. Balfour, était indécis. A un conseil de Cabinet tenu au commencement d'août, il remit à ses collègues un pamphlet intitulé : « Notes économiques sur le libre-échange insulaire », où, tout en se déclarant free-trader, il s'efforçait de prouver la nécessité d'abandonner la politique du *laissez faire*, dont la continuation lui semblait être pour l'Angleterre une source de graves dangers. « Ayant reconnu la vérité gé-

_____

(1) A Birmingham, 15 mai 1903.

Les nombreux discours prononcés pendant cette mémorable campagne ont été réunis en une brochure : *All sides of the fiscal controversy* (discours du 15 mai au 7 novembre 1903).

nérale qu'il n'y a aucune harmonie préétablie entre les intérêts économiques du monde et le bien être national, il semble que nous devions abandonner la position du laissez-faire en tant que dogme absolu, et accepter provisoirement l'idée que le caractère de notre politique fiscale doit varier avec les circonstances et que nous n'avons aucun droit à regarder un plan comme parfait, uniquement parce qu'il est simple, non artificiel, et par dessus tout, familier (1) ». Bien que se déclarant prêt à adopter une politique de représailles envers les puissances étrangères qui ont des tarifs d'importation exagérés, le premier ministre n'osait proposer l'imposition de droits sur les produits alimentaires, notamment sur le blé. L'opinion publique ne lui paraissait pas disposée à accepter une pareille innovation. Plus confiant dans la force du sentiment impérialiste, qu'il jugeait possible de lier à la réaction contre le libre-échange qu'il avait vu aller croissant pendant ces dernières années, M. Chamberlain donnait, le 18 septembre, sa démission de Se-

____

(1) « *Economic notes on insular free-trade* »; p. 6. Le pamphlet fut rendu public seulement au commencement de septembre.

crétaire colonial, pour diriger une campagne en faveur des idées à la réussite desquelles son avenir politique est désormais lié.

Sans se soucier des vigoureuses attaques qu'il avait dirigées vingt ans plus tôt contre les propositions des fair-traders, M. Chamberlain demandait à la population de se prononcer en faveur d'une réforme douanière ayant pour but : le resserrement des liens entre la métropole et ses colonies, et la protection du marché anglais contre la concurrence étrangère. Il proposait de mettre à l'importation un droit de 2 shillings par quarter sur le blé, et de 5 0/0 sur la viande et les produits de la laiterie, droit dont seraient exemptés les produits des colonies, qui pourraient bénéficier en outre d'une préférence pour leurs vins, taxés aujourd'hui comme les vins étrangers. D'autre part, les articles manufacturés devaient être frappés d'un droit de 10 0/0 en moyenne, mais susceptible de s'élever jusqu'à 20 p. 100, et variant, selon le degré d'achèvement des produits (1). Enfin, pour compenser le renchérissement du prix de la vie résultant de

(1) A Greenoch, 7 octobre 1903.

l'imposition des droits sur le blé et la viande, il proposait de réduire les impôts existants sur le thé, le sucre, le café, peut-être même le tabac (1). Les matières premières devaient continuer à entrer en franchise.

M. Chamberlain, on le voit, n'a rien inventé. Son programme est, à peu de chose près, celui que proposait la *fair-trade league*, il y a 20 ans. Quant à son argumentation, il l'a également empruntée tout entière aux néo-protectionnistes. Le professeur Ashley, de Birmingham, le professeur Hewins, de Londres, sir Vincent Caillard, sont les théoriciens des idées qu'il préconise. Il ne fait que traduire dans ses discours, dans un langage adapté aux grandes assemblées populaires, mieux fait pour les séduire et les entraîner, les dissertations savantes de ceux-ci. Il ne se pique pas d'exactitude scientifique, et les affirmations hardies,

(1) A Glasgow, 6 octobre 1903. — Au début de sa campagne, M. Chamberlain avait proposé de lier la réforme douanière à la réalisation des projets de pensions ouvrières qui, depuis plusieurs années déjà, sont à l'étude. C'eût été la compensation, pour les ouvriers, des charges nouvelles devant leur incomber du fait du rétablissement des droits sur les produits alimentaires. M. Chamberlain a très vite abandonné cette idée qui avait soulevé de vives critiques, et ressemblait trop à un appât.

téméraires, les groupements de chiffres ten-
dancieux, les interprétations hasardées de sta
tistiques habilement dressées, ne lui coûtent
pas.

En réalité, la question politique lui paraît beaucoup plus importante que la question purement
économique : « Les réformateurs de la politique douanière croient qu'en recouvrant notre
liberté d'action, et en nous munissant de nouveau de l'arme d'un tarif modéré, nous pour-
rons encore défendre notre marché colonial
contre la concurrence déloyale, et nous pour-
rons en même temps obtenir une modification des tarifs étrangers qui assurerait un
échange plus équitable de nos produits respectifs que les conditions que nous avons pu
obtenir jusqu'à présent, mais ils attachent
une plus grande importance à la possibilité
d'assurer par des accords préférentiels et
réciproques avec nos colonies, un grand développement du commerce dans l'Empire et de
faire ainsi le premier pas vers une union commerciale qui, sous une forme ou sous une
autre, doit précéder ou accompagner des
relations politiques plus étroites, et, sans
laquelle, comme l'histoire le montre, aucune

coopération permanente n'est possible (1) »,

Seule, la Fédération britannique permettra de résoudre les difficultés de toutes natures : économiques, financières, politiques, qui menacent d'entraver la prospérité et de diminuer la puissance de la Grande-Bretagne dans un avenir prochain.

Le Canada, l'Australie sont des territoires merveilleux pour l'industrie agricole et l'élevage. En assurant à leurs produits un marché privilégié dans la métropole, qui importe annuellement, en produits alimentaires pour lesquels un tarif préférentiel en faveur des colonies est proposé (céréales, moins le maïs ; bétail vivant ; viande, moins le lard ; produits de la laiterie), pour une somme de plus de 3 milliards de francs, dont elle demande actuellement 80 0/0 aux pays étrangers, on donnera un stimulant considérable à leur agriculture. Les colons dirigeront de préférence leur activité vers ces industries favorisées, et l'élan artificiel qui les porte actuellement vers l'industrie manufacturière, menaçant de fermer à l'industrie

(1) J. Chamberlain; 9 novembre 1903. Introduction aux discours prononcés du 15 mai au 4 novembre 1903 : « *Imperial union and tariff reform* ».

métropolitaine des débouchés importants, sera ainsi entravé. Sans doute, on ne peut espérer que les colonies permettront que les industries déjà existantes chez elles soient mises en danger par la concurrence anglaise, mais, dans la construction de leurs tarifs douaniers, à l'avenir, elles n'accorderont à ces industries que la protection nécessaire pour les maintenir, et elles ne tenteront pas d'en créer de nouvelles, susceptibles de concurrencer les industries de la mère-patrie (1). D'autre part, en stimulant la production agricole de ses colonies, la Grande-Bretagne pourra modifier dans un bref délai les conditions existantes de son approvisionnement. Aujourd'hui, elle importe plus des 3/4 du blé nécessaire à sa consommation annuelle, et de cette quantité énorme de blé qu'elle doit se procurer hors de son territoire, une seule puissance, les États-Unis, lui en fournit 62 0/0. Pour la viande, dont l'importation dépasse 650 millions de francs, le même pays en envoie plus de 50 0/0. N'est-ce pas une situation dangereuse, qu'être ainsi à la merci pour ses subsistances d'un pays étranger, pour

(1) J. Chamberlain, à Glasgow, 6 octobre 1903.

si amicales que puissent être les relations que l'on entretient avec lui ? L'Angleterre n'aurait-elle pas une sécurité autrement grande, si elle était certaine de trouver en territoire britannique les produits nécessaires pour nourrir sa population ? En même temps, la connaissance des faveurs assurées aux produits coloniaux aurait pour effet de détourner vers les colonies le courant d'émigration dont plus des 2/3 se dirige vers les États-Unis. En dix années, de 1891 à 1900, 1.740.000 individus d'origine anglaise et irlandaise ont quitté le Royaume-Uni ; de ce nombre, 480.000 seulement sont allés s'établir dans les grandes colonies : 1.260.000 ont été perdus, la plupart sans retour, pour la nationalité anglaise. Attirer ces émigrants dans les colonies, ce serait hâter le développement de leur population et augmenter ainsi une clientèle particulièrement fidèle à l'industrie métropolitaine.

Accroître la richesse des colonies, c'est préparer pour les industriels Anglais des débouchés importants. Mais peut-on supposer que les colonies assurées d'une large prospérité matérielle, unies à la métropole par des liens économiques de plus en plus étroits, continueront à refuser de participer aux charges de l'Empire, de même qu'elles participeront à ses privilèges? Leur patriotisme leur fera assurément un devoir de prendre leur part des lourdes charges financières que supporte la métropole, pour assurer leur sécurité territoriale et la liberté de leur commerce.

Enfin, où trouver ailleurs que dans les colonies autonomes, qui peuvent donner asile à une population rurale considérable, les hommes nécessaires à la défense de l'Empire, la matière militaire indispensable pour tenir tête aux grands Empires rivaux, matière que la métropole ne trouve plus chez elle ni en quantité, ni de qualité suffisantes? « Nous n'aurions plus de raison de craindre la détérioration de la race britannique, ni le manque d'hommes capables de combattre nos batailles (1) ».

De si grands et si multiples avantages mériteraient certainement que l'on fît, s'il était besoin, de sérieux sacrifices pour les obtenir. Sans doute, le but final, l'objet ultérieur à atteindre, c'est le libre-échange dans l'Empire ; mais il est actuellement irréalisable, on ne

(1) Sir Vincent Caillard, *op. cit.*, p. 139.

pourra y arriver qu'étape par étape (1). Les colonies proposent d'accorder, en échange d'avantages modérés pour leurs produits alimentaires sur le marché anglais, le bénéfice de droits préférentiels importants aux articles manufacturés anglais sur leurs marchés. La sagesse, la prudence conseillent d'accepter leurs offres. Les repousser, c'est renoncer à édifier l'Empire britannique. La situation actuelle ne peut durer indéfiniment : ou les colonies resserreront les faibles liens qui les unissent encore à la métropole, ou elles seront entraînées fatalement vers l'indépendance. L'Empire ne peut être créé que si tous ses membres se sentent des intérêts communs ; sinon, les jeunes sociétés canadienne, australienne, sud-africaine, se développeront dans le sens national, et, dans un avenir peu éloigné, ayant achevé leur croissance, elles réclameront leur entière liberté.

⁂

La brusque attaque de M. Chamberlain contre le régime douanier, son appel au pays au nom de l'Empire, prirent les free-traders par

(1) J. Chamberlain, à Liverpool, 27 octobre 1903.

surprise. Le sentiment impérialiste inclinait des libre-échangistes convaincus à écouter ses propositions. Quelques jours à peine après le grand discours du 15 mai, lord Rosebery déclarait qu'il ne repousserait pas « sans mûre considération un plan soumis par une personnalité haut placée, basé sur une grande expérience, et destiné à cimenter réellement l'Empire britannique ». Il reconnaissait que le commerce n'avait pas prospéré autant qu'on eût pu le désirer sous le système du libre-échange et que, somme toute, « il ne croyait pas que le free-trade fît partie du sermon sur la montagne, et qu'il fallut le recevoir dans toute sa rigidité comme une révélation divine (1) ». Sir Robert Giffen écrivait de son côté que « si le free-trade doit être la règle de la politique anglaise, il y a assurément des exceptions possibles où des déviations peuvent être consenties pour des raisons politiques et où l'assistance des colonies peut être utile en faisant quelque chose pour l'avantage de l'Empire (2) ». Et lord Avebury (Sir John

(1 A l'inauguration de la Chambre de commerce de Burnley, 19 mai 1903.

(2) *Nineteenth century and after* ; juillet 1903.

Lubbock) reconnaissait que le problème fiscal soulevé par le Secrétaire colonial était à la fois commercial et politique et que beaucoup de personnes accepteraient quelques changements dans le système douanier si « elles étaient convaincues que les colonies feraient en échange quelques progrès dans la direction du *free-trade*, ou, à tout le moins, du *freer-trade*, de relations commerciales plus libérales avec la mère-pa patrie (1) ». Ces dispositions ne tardèrent pas cependant à se modifier et des critiques nombreux, dont les plus marquants furent lord Rosebery, lui-même, et M. Asquith, attaquèrent les vastes projets de M. Chamberlain. Celui-ci, pour soutenir sa campagne, avait créé à Birmingham l'*Imperial tariff committee*, auquel vinrent s'ajouter la *Tariff reform league* et l'*Imperial tariff league*. De leur côté, les libreéchangistes créèrent, pour seconder la vieille et historique institution du *Cobden-Club*, une organisation nouvelle, la *Free trade Union*.

L'état de l'industrie anglaise, son avenir, tels que les dépeignaient les *tariff reformers* et surtout M. Chamberlain, dans ses exagérations

____

(1) *Nineteenth century and after* ; septembre 1903.

oratoires, étaient-ils aussi graves qu'ils le pré-
tendaient ? Et d'abord, pourquoi prendre
comme seul témoin du développement économique du pays le commerce extérieur ? Sans
doute, l'exportation des produits manufacturés
a pour l'Angleterre une importance plus grande
que pour les autres nations ; le commerce
étranger n'est cependant pour elle aussi qu'une
faible partie de l'activité nationale. Ce qu'il
importait de savoir, c'était donc la situation
réelle de celle-ci. La grave question soulevée
par M. Chamberlain a ainsi donné naissance à
une série d'études particulières, dont quelques-unes fort intéressantes, sur les progrès
économiques de la Grande-Bretagne dans
les vingt dernières années. Le Gouvernement
lui-même a contribué à ces études par la
publication d'un livre bleu considérable, qui
réunit de nombreuses statistiques éparses jusqu'alors dans des documents variés, et en donne
même quelques-unes qui n'avaient pas encore été
publiées (1).

Dans la querelle entre les libres-échan-

(1) *British and foreign trade and industry*. Blue book ;
Cd. 1761 ; rédigé sous la direction de M. A.-E. Bateman ; publié en septembre 1903.

gistes et les néo-protectionnistes, on a fait
un véritable abus des statistiques, abus qu'avec
sa désinvolture habituelle, M. Chamberlain a
poussé à l'extrême. Orateurs et publicistes se
sont gardés d'étudier de trop près les chiffres,
de crainte de les voir parfois contredire leur
thèse, ou de ne pouvoir en tirer la confirma-
tion éclatante qu'ils voulaient leur demander.
Au plus fort du débat, Sir Robert Giffen, par
acquit de conscience sans doute, car il ne devait guère espérer se faire écouter, a rappelé
« le soin avec lequel on doit manier les statistiques, combien il importe quand on les con-
sulte de ne pas se contenter des apparences, et
qu'il faut les employer, non comme des preuves elles-mêmes, mais comme un guide pour
étudier les faits dont elles rendent compte (1) ».
Un autre statisticien, M. A.-L. Bowley, a réuni,
sans esprit de parti dans la lutte engagée, les
principales statistiques illustrant l'histoire éco-
mique de la Grande-Bretagne depuis 1880, et il
a soumis à une critique serrée les armes qu'a-
vaient à leur disposition les deux partis. Son
étude l'a amené à des conclusions sages, mais

(1) Lettre au *Times*, 29 octobre 1903.

décevantes pour les impatients : « L'information actuelle, — dit-il, — est insuffisante pour permettre de se former un jugement absolument certain quant au progrès récent ; mais cette information, assez abondante déjà, suggère qu'un progrès très remarquable et stable a été réalisé pendant les dernières années dans les branches de l'industrie nationale que l'on étudie généralement pour se rendre compte de la prospérité du pays (1) ».

L'élévation des salaires, sauf dans l'industrie lainière, où ils sont demeurés stationnaires, a été constante, durant les vingt dernières années. Cette élévation a varié, suivant les industries, entre 7 et 30 0/0, l'élévation la plus élevée ayant été obtenue par les mineurs. En somme, le taux moyen hebdomadaire des salaires s'est élevé de 15 0/0 en moyenne, de 1882 à 1902, mais, si l'on tient compte du fait qu'il y a eu une augmentation considérable du nombre des individus occupés par les industries où les salaires sont le plus élevés, au détriment des autres industries, l'augmentation moyenne atteint alors 30 0/0. D'autre part, la baisse des

_____

(1) « *National progess in wealth and trade* » ; Introduction.

prix, pendant la même période. peut être évaluée à 8 0/0 environ, de telle sorte que le salaire réel a dû augmenter d'à peu près 40 0/0 (1).

La consommation par tête des principales denrées témoigne également d'une augmentation générale et importante du pouvoir de consommation dans toutes les classes de la population (2) :

Consommation moyenne annuelle par tête de :	Moyennes quinquennales			
	1883-87	1888-92	1893-97	1898-1902
Thé, livres. ..	4.9	5.2	5.6	6.0
Café, —	0.9	0.8	0.7	0.7
Cacao, —	0,4	0.5	0.6	0.9
Viande, livres.	110	119	123	133
Sucre, livres..	72·	76	83	86
Bière, gallon..	27 ¼	29 ¼	30	31 ¼
Tabac, onces st.	23	24	27	30
Moyenne générale, en comprenant : le blé, le riz, les raisins frais et secs, les spiritueux et le vin, en prenant la première période = 100....	100	108	112	120

Enfin, si on compare la période de 1898-1902 avec la période 1883-87, il apparaît que le revenu total de la nation a augmenté de 38 0/0, tandis que la population n'augmentait que

(1) A. L. Bowley, *op. cit.*, p. 13, 25.
(2) *ibid.* ; *op. cit.*, p. 28.

de 15 0/0, et qu'ainsi le revenu moyen par tête s'est accru de 20 0/0. Le revenu total de la nation était évalué en 1882 à 1.400.000.000 de liv. st. ; pour 1891, on l'évaluait à 1.600.000.000 de liv. st. ; pour 1903, il paraît très voisin de 2 milliards de liv. st. Sauf la classe des revenus tirés de la possession ou de la location des terres agricoles, tous les autres ont augmenté (1).

La consommation des matières premières par l'industrie ne suggère pas, à l'exception d'une seule branche, le déclin dont font si grand bruit les « tariff reformers ». La quantité de soie importée en 1898-1902 a été inférieure de 25 0/0 à celle importée en 1883-87. Mais l'industrie a consommé pendant la période 1898-1902 : 15 0/0 de plus de coton, 40 0/0 de plus de laine, 18 0/0 de plus de fer, 60 0/0 de plus de plomb, 80 0/0 de plus de zinc, 85 0/0 de plus de peaux, 60 0/0 de plus de bois importé et 28 0/0 de plus de charbon que pendant la période 1883-87 (2).

Peut on, d'autre part, lorsqu'on étudie les progrès réciproques faits par l'Angleterre et

<hr>

(1) A. L. Bowley, *op. cit.*, p. 16.
(2) *ibid* ; *op. cit.*, p. 35.

les nations rivales, faire grand fonds sur les comparaisons des statistiques du commerce extérieur, si l'on s'en tient à leur accroissement proportionnel ? Est-il raisonnable de pousser des cris d'alarme parce que, en 20 ans, le commerce extérieur de l'Allemagne a augmenté de 23 0/0, et celui des Etats-Unis de 42.8 0/0, tandis que celui du Royaume-Uni ne s'est accru que de 6.4 0/0, alors que au point de départ, à la première date, le chiffre du Royaume-Uni était de plus de 50 0/0 supérieur à celui de ses deux concurrents. Ne faut-il pas tenir compte également de la population respective des pays comparés ? Si on le fait, on s'aperçoit que le chiffre des exportations annuelles par tête du Royaume-Uni continue à dépasser de beaucoup celui de l'Allemagne et des Etats-Unis (1). « Vous ne

(1) British and foreign trade memorandum. Cd. 1199 ; p. 11.

Exportation (commerce spécial) par tête.
(Moyenne quinquennale)

	Royaume-Uni			Allemagne			États-Unis		
	£	s.	d.	£	s.	d.	£	s.	d.
1880-84...	6	13	2	3	8	8	3	5	11
1885 89...	6	3	8	3	5	6	2	11	10
1890-94...	6	2	11	3	2	9	2	13	0
1895 99 ..	5	19	5	3	7	2	2	18	4

pouviez pas espérer, — dit lord Rosebery à ses compatriotes, — conserver le commerce du monde, parce que comme les populations de l'Allemagne et des Etats-Unis augmentaient, et que leur énergie se développait, elles demandaient naturellement une part de ce commerce, et vous devez être contents et fiers d'avoir su conserver la position que vous avez (1) ».

Cependant, si les adversaires de M. Chamberlain refusent d'acquiescer à ses prévisions pessimistes relativement à l'avenir réservé à l'industrie anglaise, ils reconnaissent que celle-ci n'a pas prospéré pendant les dernières années autant qu'on aurait pu l'espérer : « Nous avons nos maux, nos mécomptes et nos malheurs (2) ». Mais la cause principale n'est, suivant eux, ni la politique protectionniste obstinément poursuivie par les autres nations, ni la concurrence déloyale du *dumping*, singulièrement exagérée par les fair-traders : cette cause, c'est en Angleterre même qu'il faut la chercher (3).

(1) A Leicester, 7 novembre 1903.
(2) Lord Rosebery, à Leicester, 7 novembre 1903.
(3) Les principaux ouvrages écrits contre la politique de M. Chamberlain sont : L. G. Chiozza-Money : *Elements*

Les diverses enquêtes officielles et privées provoquées par le développement de la concurrence allemande et américaine ont été en effet l'occasion de nombreuses critiques à l'adresse des industriels et des commerçants anglais.

Déjà, dès 1885, les commissaires chargés de rechercher les causes de la dépression industrielle disaient dans leur rapport : « La sévérité croissante de la concurrence sur le marché intérieur et sur les marchés neutres est particulièrement sensible de la part de l'Allemagne. Dans tous les coins du monde, la persévérance et l'entreprise allemandes se font sentir. En ce qui concerne la production, nous n'avons plus que bien peu d'avantages sur les Allemands, et ils gagnent partout du terrain sur nous, grâce à leur connaissance des marchés, à leur désir de s'accommoder aux goûts locaux, à leur volonté de prendre pied partout où ils le peuvent, et à leur ténacité à se maintenir là où ils ont pris pied ». Et, faisant un retour sur l'Angleterre, les commissaires ajoutaient : « Nous ne pou-

of the fiscal question ; — H.-W. Massingham : *Labour and protection* ; — Harold Cox : *British industries under free-trade.*

vous pas ne pas avouer ici l'impression que nous avons eue au cours de cette enquête, qu'à cet égard, les classes commerçantes actuelles dans notre pays ne font pas preuve de la même énergie que les générations précédentes. Elles semblent faire moins d'efforts pour découvrir de nouveaux marchés et pour conserver ceux que nous possédons (1) ».

L'industriel anglais s'est laissé devancer par ses concurrents dans la connaissance ou l'emploi des méthodes scientifiques. Il n'a plus l'audace et l'entrain qui lui faisaient autrefois rechercher, accueillir avec empressement les procédés nouveaux. Il lui coûte aujourd'hui de changer ses habitudes : « Les nouvelles inventions et les nouvelles idées ne sont pas promptement reçues parmi nous. Avec un préjugé insulaire proverbial contre toute chose nouvelle et étrangère, nous n'adoptons les inventions que lorsque nos concurrents les utilisent déjà depuis longtemps, et qu'ils en ont retiré le bénéfice qui est la récompense des pionniers dans le domaine de l'entreprise in-

(1) C. 4893 ; p. XX.

dustrielle (1) ». Il n'aime pas essayer des procédés, alors qu'ils n'ont pas fait leurs preuves : « Il est très difficile d'obtenir de l'industriel anglais qu'il essaie une nouveauté qui n'est pas encore entièrement mise au point. Elle doit être parfaite avant qu'il consente à l'étudier, et toute chose qui demande à être expérimentée et n'offre pas la perspective d'un remboursement immédiat de la dépense sera vraisemblablement repoussée (2) ». Comment pourrait-il lutter dans ces conditions avec l'industriel américain ? Celui-ci « n'a aucuns préjugés. Il draine le monde pour recueillir des idées ; il retient les meilleures et les adopte (3) ». Il y a un nombre considérable d'inventions anglaises, entièrement achevées, brevetées en Angleterre, qui n'y sont pas employées, qui n'y ont même pas été sérieusement expérimentées, et que l'on trouve d'un usage courant, souvent même perfectionnés déjà, en Amérique (4). Un des exemples les plus extraordinaires de cette indifférence a été donné par l'industrie coton-

(1) F. Merttens ; *op. cit.*, p. 128.
(2) Rapport au Technical education board, *London County Council* ; 1902, p. 15.
(3) John Foster Fraser : *America at work*, p. 75.
(4) J.-F. Fraser ; *op. cit.*, p. 249.

nière. Le métier à tisser automatique Northrop est l'invention d'un anglais, mais c'est aux Etats-Unis qu'il a été tout d'abord adopté. La compagnie américaine qui acquit le brevet dépensa beaucoup d'argent pour perfectionner la machine et l'adapter aux exigences variées de l'industrie. Ce n'est que tout récemment que les industriels du Lancashire se sont décidés à utiliser à leur tour ce métier qui, depuis plusieurs années déjà, donnait d'excellents résultats à leurs concurrents américains (1).

« La généralité des fabricants anglais, fidèles à leur esprit conservateur, se contentent d'un outillage démodé... L'invention des machines-outils est devenue une spécialité allemande et américaine (2) ». L'industriel anglais n'a pas, comme son rival américain, le sentiment de l'utilité indispensable de la machine : tout travail qui peut être fait sans demander de réflexion doit, suivant ce dernier, être exécuté mécaniquement. Dans l'industrie métallurgique : « les méthodes employées en Amérique pour manipuler les matériaux diffèrent tota-

(1) T.-M. Young: *The american cotton industry* ; p. 21.
(2) F. Merttens ; *op. cit.*; p. 229.

lement de celles utilisées en Angleterre »,
presque tout est fait à l'aide d'appareils mécaniques, économisant à la fois le temps et
la force des ouvriers, et réduisant le prix de
revient (1).

N'est-ce pas faute de prévision, de largeur
de vues, que la branche si fructueuse de l'industrie des couleurs d'aniline a échappé à l'Angleterre pour aller se développer en Allemagne ?
Cette industrie est née en Angleterre ; c'est un
anglais, Hofmann, qui l'a créée, mais il a quitté
son pays, séduit par les conditions beaucoup
plus avantageuses qui lui étaient faites à Ber-
lin : « Je crois, — dit le professeur Ramsay, —
que s'il était resté en Angleterre, cette industrie
y serait restée avec lui (2) ». Dans l'industrie
électrique, qui semble destinée à révolution-
ner les méthodes actuelles de fabrication et de
transport, l'Angleterre est déplorablement
en retard sur les autres pays. Les Allemands,
les Américains ont su en profiter : leurs
machines ont envahi l'Angleterre, et ils ont
enlevé des contrats pour la construction de
chemins de fer, de tramways électriques, et

(1) *American industrial conditions* ; p. 29, 38.
(2) *London County council, op. cit.*, p. 21.

d'autres installations, à des prix qui semblent inacceptables aux fabricants anglais (1). L'industriel anglais ne se rend pas compte encore, sauf quelques exceptions, de l'utilité des applications scientifiques : il s'en tient généralement à l'industrie routinière et traditionnelle : « Ce qui manque à l'industriel anglais, — écrit le professeur Fleming, — c'est le sens commun et la pénétration de l'homme d'affaires. En général, il a une grande confiance dans la puissance de la publicité, et peu, au contraire, dans l'utilité de l'aide de la science (2) ». « L'industriel étranger a montré plus de prévoyance que l'anglais, et su apprécier davantage la valeur des hommes ayant reçu une éducation scientifique, et il sait leur donner des salaires plus élevés (3) ». « Je ne connais pas, — dit le professeur J. Dewar, — de maisons en Angleterre où des chimistes sont employés uniquement à des travaux de recherches, tandis que dans quelques usines allemandes, il y a jusqu'à cent chimistes employés à cet effet, et bien payés (4)».

(1) F. Merttens, *op. cit.*, p. 128.
(2) *London county council, op. cit.*, p. 17.
(3) *London county council, op. cit.* ; p. 13.
(4) *London county council ; op. cit.*, p. 19.

En Amérique, bien que cet emploi systématique ne soit pas aussi généralisé, il est déjà très répandu : « Dans le plus grand nombre des fonderies que nous avons visitées, — dit un membre de la mission Mosely, — il y a un service chimique pour les analyses ; c'est un système qui serait adopté avec profit en Angleterre (1) ».

Le défaut d'une instruction scientifique largement répandue, systématiquement organisée, il est impossible d'en douter après avoir parcouru les aveux d'Anglais intelligents et sincères, est une des causes principales de la lenteur du progrès économique de la Grande-Bretagne dans cette dernière période. « Un savoir défectueux, l'emploi de procédés inférieurs, le manque de flexibilité et de versatilité, un conservatisme industriel obstiné, voilà les véritables ennemis de l'industrie anglaise, ceux qui lui ont fait infiniment plus de mal que tous les tarifs et tous les *dumping syndicates* qui ont jamais été créés (2) ».

Les Anglais qui ont recherché les causes des succès remportés par les Allemands et les Améri-

(1) *Mosely industrial commission report*, p. 24.
(2) M. Asquith, à Cinderford, 8 octobre 1903.

cains ont constaté également le peu d'ardeur
que, à la différence de ceux-ci, la génération
anglaise contemporaine témoigne pour le travail. Dans les classes supérieures, on prend du
loisir, on dirige les affaires de plus haut et de
plus loin qu'autrefois : l'industriel, le commerçant se laissent accaparer par la vie mondaine,
par les sports. Le développement des sociétés
anonymes a encore accru le mal. Les anciens
chefs d'industrie sont devenus membres de
nombreux conseils d'administration : quelques
heures passées chaque semaine au conseil font
souvent tout leur travail. La direction est
confiée à des salariés, moins ardents, moins
intéressés aussi à la besogne. Et ces sociétés sont encombrées par le népotisme de secré-
taires, d'employés, trop souvent peu aptes à bien
remplir les fonctions qui leur sont dévolues.
Il est curieux de voir avec quelle force les Anglais qui ont étudié les États-Unis insistent sur
l'intensité de travail des Américains : « Un des
traits les plus caractéristiques des principales
villes industrielles des États-Unis, c'est l'absence
comparative d'une classe de loisir, comme on
en trouve généralement en Europe. L'Américain
typique paraît vivre seulement pour travailler...

Tout homme, quelle que soit sa fortune, doit, aux États-Unis, avoir un métier, sous peine d'être dépaysé, isolé, au milieu de ses compatriotes (1) ». « En Angleterre, l'homme au teint reposé, tranquille, florissant de santé est ordinairement l'employeur ; l'homme aux traits tirés, au regard fatigué est l'employé. En Amérique, l'homme fatigué, usé, c'est l'employeur (2) ». « En général, — dit un ouvrier anglais, membre de la mission Mosely, à son retour des États-Unis, — les hommes qui travaillent le plus sont l'état-major, le directeur, les ingénieurs et les contremaîtres (3) ». « Le ton entier de la vie anglaise, — écrit un industriel, — avec son superflu, ses récréations, sa tendance à la recherche du plaisir, n'est pas favorable à l'éducation et à la discipline des jeunes hommes. Le mépris des classes distinguées pour le travail sérieux ou les affaires pénètre les classes moyennes, et on peut redouter que les fils des hommes qui ont donné à l'Angleterre la première place dans le monde, n'aient ni la crânerie et la détermination, ni l'application et l'in-

(1) *American industrial conditions*, p. 11.
(2) J.-F. Fraser, *op. cit.*, p. 191.
(3) *Mosely industrial commission report*, p. 49.

dustrie de leurs pères. On les entend dire fréquemment qu'ils veulent jouir de la vie tranquillement, et qu'ils ne croient pas dans le travail constant, sans aucun plaisir. En face de ces hommes se dressent l'Allemand, un peu lent, mais soigneusement instruit, et l'Américain, toujours affairé et intelligent (1) ».

Les industriels anglais n'ont pas su non plus, trop souvent, s'élever au sentiment du changement important qui s'est produit dans les rapports entre patrons et ouvriers : « Ils ne comprennent pas que leurs affaires leur ont en partie échappé, qu'ils n'y sont plus les seuls maîtres ; et que le temps de fixer les salaires par simple accord individuel est passé, et les tentatives pour exploiter le travail sont inadmissibles aujourd'hui (2) ». En s'efforçant de garder pour lui seul tout le bénéfice résultant de l'emploi d'un outillage perfectionné, l'industriel amène les ouvriers à se désintéresser des améliorations dans les procédés de travail. L'hostilité montrée dans certains cas par les.

____

(1) F. Merttens : *Productivity, protection and integration of industry*, p. 45.

(2) F. Merttens. *ibid.*, p. 49.

trade-unions aux machines nouvelles n'est-elle pas due quelquefois à l'âpreté du patron à profiter de ce changement pour réduire indirectement les salaires? D'esprit plus large et plus vraiment commerçant, le patron américain ne tente pas, en général, de spéculer sur de pareils profits : il comprend la nécessité d'intéresser l'ouvrier à son travail, d'exciter même son ingéniosité ; il calcule largement la base des salaires lorsque le changement est provoqué par une modification d'outillage, et il laisse à l'ouvrier le plein bénéfice des améliorations que son expérience et son ingéniosité peuvent lui suggérer d'apporter à la machine qui lui est confiée. Mais la classe ouvrière n'échappe pas non plus aux reproches. Trop souvent, les ouvriers se montrent hostiles, sans raison, à l'introduction des machines nouvelles ; trop souvent, aussi, ils refusent de donner tout l'effort dont ils sont capables, de tirer de l'outillage tout le rendement dont il est susceptible. Enfin, « entre les causes qui ont contribué à changer la place de la Grande-Bretagne parmi les puissances productrices du monde, il y a un demi-siècle et aujourd'hui, une des moins importantes n'est pas l'amour du jeu, de la boisson, et l'importance exagérée attachée aux sports, particulièrement de la part des simples spectateurs... Le cœur et l'intelligence des Anglais ne sont plus, malheureusement, dans leurs affaires, mais bien plutôt dans des amusements sans but... La passion du jeu et de la boisson ont augmenté dans des proportions alarmantes pendant les quinze dernières années. Ces deux vices se sont répandus dans toutes les classes de la société ; ils dévorent comme un cancer le corps social et les femmes n'en sont, hélas, pas plus à l'abri que les hommes (1) ».

Est-ce dans un retour à la politique protectionniste, ainsi que le proposent les nouveaux réformateurs, que l'on peut espérer trouver un remède à ces maux d'origines si diverses ? Sans doute, ils déclarent vouloir s'en tenir à une protection modérée, mais ne sait-on pas que « il est impossible de fixer des limites à la protection ; qu'elle croît par sauts et par bonds », et que, danger plus grand encore : elle amène avec elle la corruption politique : « Sous la protection, toute industrie

<hr>

(1) J.-W. Cross, *Nineteenth century and after*, novembre 1903.

protégée devient un intérêt consolidé. Si ces
industries sentent leur privilège menacé, elles
se forment en trusts. Elles jouent un rôle
dans toute élection, politique ou municipale.
Elles hantent constamment les couloirs du
Parlement et corrompent les législateurs (1) ».
Quant à la politique de représailles, ce serait
être naïf d'espérer qu'elle puisse conduire à
une amélioration des rapports commerciaux
avec les autres pays. Enfin, l'Angleterre, en
cessant d'être un vaste port franc, ne com-
promettra-t-elle pas les intérêts considérables de ses nombreuses entreprises de trans-
ports maritimes, et de son commerce de tran-
sit, déjà atteint sans doute par le développement des moyens de communication, mais
qui reste encore pour elle une source de profits très importants ? Et peut-elle risquer de
mettre en péril les avantages financiers que
lui procure son caractère de clearing-house
mondial, qui tient pour une grande part, précisément, aux fonctions d'entreposeur universel, que sa politique libre-échangiste lui permet de remplir mieux que toute autre nation?

(1) Lord Rosebery, à Leicester, 7 novembre 1903.

Le vrai remède, le seul qui puisse produire des résultats efficaces et de longue durée, les adversaires de M. Chamberlain sont unanimes sur ce point, ne peut être trouvé que dans une amélioration sérieuse et continue de l'instruction. « Le fait qu'une grande prospérité a été atteinte par le sens commun pratique du peuple, sans éducation, a engendré la croyance populaire, si répandue encore aujourd'hui, que l'éducation n'est pas nécessaire, et que l'expérience pratique est de plus de valeur que la discipline scientifique. Le grand problème pour l'Angleterre est de détruire cette croyance et de surmonter l'indifférence et l'apathie populaires à l'égard de l'éducation. L'indifférence a entravé les progrès de l'éducation partout ; nous lui devons la brièveté de la durée des études élémentaires... De magnifiques écoles techniques ont été construites [depuis quelques années], elles sont convenablement outillées, mais les élèves capables de profiter de l'instruction qu'elles donnent font défaut (1)». « Ce dont nous avons véritablement besoin, — dit

____

(1) F. Merttens : *Productivity, protection,* etc. *op. cit;* p. 43.

M. Asquith, — c'est une meilleure instruction,
une meilleure discipline intellectuelle, un
esprit plus ouvert (1) ». « Nous devons combattre les tarifs douaniers hostiles, — dit de
son côté lord Rosebery, — au moyen d'un
esprit plus scientifique et plus simple, par une
meilleure éducation (2) ». Et lord Avebury
écrit : « Nous ne pouvons espérer conserver
la situation à laquelle il nous est permis de
prétendre, si nous ne modifions pas profondément notre système d'éducation. Persister à
vouloir soutenir la concurrence dans l'industrie sans l'instruction technique serait analogue
à l'idée de combattre avec des arcs et des
flèches contre des troupes armées de fusils et
de canons (3) ».

La politique des tarifs préférentiels impériaux n'est pas l'objet de moindres critiques
que les projets de retour à la politique protec-

tionniste. Les colonies n'exportant que des produits agricoles et des matières premières, la métropole ne peut les favoriser qu'en taxant les produits similaires venant de l'étranger, tandis qu'elle exempterait, de tout ou partie de ces droits, les produits coloniaux. A la vérité, M. Chamberlain, soucieux des besoins de l'industrie, propose de ne frapper que les produits alimentaires. Mais, le sacrifice, même ainsi réduit, que devrait s'imposer l'Angleterre, n'est-il pas trop lourd, et la population l'accepterait-elle ?

Rétablir des droits sur le pain et sur la viande, c'est revenir sur la politique financière suivie sans interruption depuis un demi-siècle, qui avait pour objectif final « le déjeuner franc d'impôts ». C'est demander à la démocratie, au moment où elle devient de plus en plus puissante, d'abandonner un des avantages déjà acquis, un des plus importants pour elle. Et le renchérissement de la vie qui en résultera fatalement, n'aura-t-il pas un résultat analogue à celui que l'on veut éviter en écartant de la réforme les matières premières? Taxer la nourriture, n'est-ce pas élever le coût de production? N'est-ce pas en même temps diminuer le pouvoir d'achat de l'ouvrier, restreindre par conséquent la consommation des produits manufacturés (1)? M. Chamberlain propose de compenser les nouveaux droits sur le pain et sur la viande, par une remise correspondante des droits qui frappent le sucre, le thé et le tabac. En admettant même que la compensation obtenue soit mathématiquement exacte, la nature de ces taxes est trop différente pour qu'on puisse les substituer les unes aux autres. « Le pain est plus nécessaire à la vie que le sucre et le thé. Des familles réduites à l'extrême misère peuvent se passer de thé et de sucre, quelle que soit leur importance au point de vue nutritif, mais elle ne peuvent se passer de pain (2) ». Le transfert de taxation ne serait pour une grande classe de la population, la classe la plus pauvre, qu'un leurre.

Les droits modérés que propose actuellement M. Chamberlain seraient-ils, d'autre part, suffisants, pour exciter le développement agricole dans les colonies, pour inciter les colons à abandonner l'industrie manufacturière pour

---

(1) John Morley, à Manchester, 19 octobre 1903.
(2) Lord Goschen, à Passmore-Edward's Hall, 16 octobre 1903.

l'agriculture, pour détourner vers le Canada, l'Australie, le flot des émigrants d'origine anglaise et irlandaise qui ont préféré jusqu'à présent se diriger vers les Etats-Unis ? Les taux proposés paraissent, aux adversaires de la réforme, insuffisants pour obtenir de semblables résultats. L'Angleterre s'expose donc, une fois entrée dans cette voie, à entendre les colonies lui demander une élévation de ces taxes. Pourra-t-on la leur refuser, une fois le principe concédé ? Mais, chose plus grave, pour traiter les colonies également, il faudrait de toute nécessité accorder à certaines d'entre elles des avantages pour les matières premières qu'elles produisent (1). La politique proposée aurait donc pour résultat de donner naissance à des conflits d'intérêts entre les diverses colonies, et, dans celles-ci mêmes, entre des groupes d'intérêts particuliers.

Les offres des colonies sont-elles du moins assez importantes pour que l'Angleterre puisse accepter de courir ces inconvénients et ces risques multiples ? Peut-on espérer, en leur accordant des avantages particuliers sur le mar-

(1) M. Ritchie, à Croydon, 9 octobre 1903.

ché métropolitain, qu'elles consentiront à se
relâcher de la rigueur de leur politique protectionniste à l'égard des articles manufacturés
anglais, et que, par étapes successives, on
aboutira enfin à l'établissement du libre-
échange dans l'Empire, idéal dont les *tariff
reformers* déclarent poursuivre la réalisation?
Si une pareille perspective paraissait assurée, de nombreux libre-échangistes, et non
des moindres, nous l'avons vu, se résigne-
raient à violer leur doctrine. Mais l'attitude
des colonies ne leur parait pas rassurante à cet
égard, et les plus éminents d'entre eux : lord
Rosebery, lord Goschen, sir Michael Hicks-
Beach, M. Asquith, M. Ritchie ne croient nullement qu'il soit possible d'obtenir des colons le
sacrifice de leurs idées sur ce point. « Nos colonies sont jeunes, ambitieuses et prospères.
Elles ambitionnent un brillant avenir, elles
veulent devenir de grandes nations dans
l'Empire. Comment pourraient-elles devenir
de grandes nations si elles sont empêchées
de développer les industries manufacturières qu'elles désirent accroître ? Et allons-
nous dire à ces Etats, à qui nous avons donné
l'indépendance fiscale, que, parce que nous

sommes free-traders et non protectionnistes
comme eux, ils ne peuvent se développer de
la manière qu'ils jugent la plus avantageuse (1) ? » Les maigres résultats que l'on peut
espérer de la politique nouvelle ne justifient
donc nullement, aux yeux des libre-échangistes, les changements qu'on leur propose.

Bien plus, cette politique, loin d'être un acheminement vers la Fédération britannique ainsi
que le proclame si ardemment M. Chamberlain,
leur paraît recéler les plus graves dangers pour
l'Empire. « Il est impossible de construire un
tarif impérial équitable et satisfaisant ; il ne
l'est pas moins d'édifier un empire sur une liste
d'industries prohibées. Le seul moyen qui reste
est donc d'essayer de conclure des ententes
commerciales ou des traités de commerce avec
chaque colonie séparément. Quel serait alors le
système commercial, et où serait l'union de
l'Empire ? Le tarif entier, périodiquement, peut-
être même annuellement, devrait être revisé
dans nos relations commerciales avec chaque
colonie. Dans chaque négociation, nous serions

____

(1) Sir Michael Hicks-Beach, à Manchester, 5 novembre
1903.

sous le coup de la menace éventuelle que le mieux après tout serait peut-être de rompre. Le ciel nous préserve des angoisses auxquelles nous serions en proie sous un pareil système. Tel est le plan que l'on nous propose de substituer au système actuel, qui est fondé sur l'indépendance absolue d'action et la conciliation absolue des intérêts individuels. Je crois honnêtement qu'une semblable politique, loin de conserver l'intégrité de l'Empire conduirait d'une manière inévitable à son démembrement (1) ».

Un grand nombre des impérialistes de la première heure, des précurseurs de ce mouvement, dont ils espèrent de si heureux et de si grands résultats : lord Rosebery, sir Charles Dilke, sir Michael Hicks-Beach, lord Goschen, et bien d'autres, taxeraient volontiers de folie la politique proposée par M. Chamberlain, dans son ardeur à vouloir réaliser lui-même ce grand rêve de la Fédération impériale. Ceux-là, les prudents, entendent régler leur conduite sur les sages conseils que donnait, peu de temps avant sa mort, lord Salisbury, qui avait appris

______

(1) Lord Rosebery, à Sheffield, 13 octobre 1903.

dans une longue pratique des affaires, la valeur de la circonspection, et l'aide qu'un véritable homme d'Etat doit attendre du temps : « Tout en croyant exact que nous sommes au début d'un mouvement de causes, d'opinions et de sentiments qui amèneront des changements dans la distribution actuelle du pouvoir et de l'allégeance, je ne saurais conseiller une action précipitée. Quelques hommes d'une grande intelligence et de beaucoup d'autorité pensent que le moment est venu pour nous de nous décider à une action législative pour fédérer les colonies. Je les exhorte à considérer soigneusement, avant d'agir, les décisions qu'ils vont prendre et les résultats qu'ils en attendent. Nous n'avons nullement le pouvoir par la législation d'influencer l'élan d'opinion et de sentiment qui s'est si vivement manifesté entre la mère-patrie et ses enfants... Mais nous ne pouvons intervenir sans danger par des mesures législatives dans le développement naturel de nos relations avec les jeunes nations à qui nous avons donné le jour. Des difficultés de toute nature se dressent devant nous : difficultés financières, difficultés quant à la défense, difficulés quant au droit de décision que devra retenir la mère-patrie, et, à moins que le sentiment soit très puissant, et que nous ayons une grande force derrière nous, je regarde avec appréhension toute tentative d'anticiper les évévements ou de compromettre les précieux résultats que, si nous sommes patients et soigneux, l'avenir tient en réserve pour l'Empire (1) ».

*
* *

L'opinion publique anglaise a été fortement remuée par la campagne menée durant l'automne dernier par M. Chamberlain, avec une vigueur et une énergie toutes juvéniles, vraiment extraordinaires chez un homme de 68 ans bientôt. Seul, ou presque, il a tenu tête aux adversaires de sa politique. Les free-traders, un moment étourdis par la vivacité de son attaque surent vite se ressaisir. La taxation des produits alimentaires leur fournissait une arme merveilleuse. Ils ont su en profiter. Cet élément essentiel du plan de l'ancien Secrétaire colonial a empêché la défection, redoutée au premier moment, des libéraux-impérialistes.

(1) A Albert Hall, 8 mai 1902.

Bien mieux, le parti libéral, si divisé depuis une dizaine d'années, a retrouvé, grâce à cette question, au moins une apparence d'unité. Les vieilles querelles intérieures et personnelles ont été oubliées pour défendre le libre-échange menacé. M. Chamberlain a vu s'élever contre ses projets, sans distinction d'opinion politique, les quatre anciens chanceliers de l'Echiquier actuellement vivants : sir William Harcourt, lord Goschen, sir Michael Hicks-Beach, M. Ritchie. Dans une lettre publique, les professeurs d'économie politique les plus réputés : MM. C.-P. Bastable, Alfred Marshall, J.-S. Nicholson, Léonard Courtney, etc., ont protesté contre la politique des tarifs préférentiels, qui ramènerait fatalement la protection, au grand détriment du pays, et engendrerait des controverses irritantes entre les différents membres de l'Empire (1). Le congrès des associations coopératives, le congrès des trade-unions ont voté des résolutions condamnant l'imposition des droits d'entrée sur le blé et sur la viande.

L'opposition rencontrée par M. Chamberlain a été considérable. Elle a eu pour résultat de

____

(1) *Times*, 15 août 1903.

l'obliger à modifier quelque peu son attitude. Sous l'influence des critiques adressées à la taxe sur le blé, la proposition de l'établissement de droits préférentiels avec les colonies, qu'il annonçait au début de sa campagne comme la partie la plus importante de son projet, est passée bientôt au second plan. La politique de protection et de représailles a pris le pas sur elle. Celle-ci a rencontré auprès des classes industrielles un accueil plus favorable. Les intérêts privés n'ont pu résister à la proposition qui leur était faite de se grouper pour demander des avantages particuliers. Une des difficultés rencontrées par la discussion, au début de la campagne, avait été l'absence de renseignements précis sur l'état de l'industrie anglaise. Ceux tirés des documents officiels étaient trop imparfaits, ou trop morcelés, pour qu'il fut possible d'en tirer des conclusions non équivoques. L'opposition a réclamé en vain la nomination d'une Commission royale chargée d'une vaste enquête sur la situation économique de la Grande-Bretagne. Le Gouvernement s'y est obstinément refusé. M. Chamberlain en a profité pour organiser une « Commission douanière », dans le but de faire une enquête privée sur cet objet, et de préparer, comme conclusion à ses travaux, en se conformant aux desiderata des intéressés, un projet de tarif qui servirait de base à la réforme projetée. Les industriels semblent avoir répondu en assez grand nombre à l'appel de M. Chamberlain, et il a même réussi à créer dans sa Commission une section chargée de représenter les intérêts des trade-unionistes, sans cependant obtenir l'adhésion d'aucun membre important des grandes trade-unions.

Il avait paru un moment que la bataille se livrerait cette année et que les élections générales auraient lieu au printemps de 1904. Les remaniements ministériels nécessités par la crise de l'automne dernier ont fort affaibli le gouvernement de M. Balfour. L'attitude personnelle du premier ministre rendait sa situation dangereuse au Parlement. Sans doute, il n'a donné son adhésion qu'à une partie de la politique préconisée par son ancien collègue. Il ne s'est officiellement prononcé qu'en faveur d'un retour à une protection modérée et de l'adoption d'une politique de représailles à l'égard des nations qui taxent trop sévèrement les produits anglais. Harcelé au Parlement par l'opposition, il a déclaré que le Gouvernement actuel était opposé à l'imposition de droits de douane sur les produits alimentaires, et que, d'ailleurs, la grave question d'une modification de la politique commerciale ne pourrait être abordée qu'après une élection générale où le pays lui-même aurait pu se prononcer. Grâce à cette attitude, le ministère Balfour a pu conserver la majorité aux Communes, mais cette majorité a été sensiblement réduite par la défection d'un certain nombre de libéraux-unionistes qui accusent le Gouvernement d'être non seulement sympathique aux projets de M. Chamberlain, mais encore, malgré ses dénégations, de lui prêter un appui au moins officieux, ne serait-ce qu'en conservant dans son ministère des membres nettement favorables à l'idée d'une union douanière impériale, dût-on, pour la réaliser, accepter un droit d'entrée sur le blé. M. Chamberlain lui-même ne semble pas désireux de hâter le combat. Celui-ci ne saurait cependant être longtemps retardé. Il est impossible, dans l'état actuel de confusion des esprits d'en présager le résultat. Deux faits se dégagent pourtant avec assez de netteté. La classe ouvrière est restée jusqu'ici rebelle aux propositions de M. Chamberlain. La foi impérialiste n'a pas été assez forte chez les ouvriers pour triompher de l'intérêt égoïste qui les porte à repousser le retour aux droits sur le pain et sur la viande. Mais la campagne vigoureuse menée par l'ancien Secrétaire colonial contre le libre-échange a achevé de détruire ce qui restait de foi aveugle, irraisonnée dans ce système. Sans doute, ainsi que s'en sont applaudis les free-traders, cette lutte a eu le bon effet de les obliger eux-mêmes à exposer aux jeunes générations une doctrine et des idées dont ils avaient trop négligé de les entretenir, et leur campagne d'éducation n'a pas été sans fruits. Mais, en réalité, la meilleure garantie de la politique existante à l'heure actuelle, et le plus sérieux obstacle que rencontrent les propagandistes de la réforme, est le caractère conservateur du peuple anglais. Les Anglais hésitent toujours devant un brusque changement de politique ; ils ne se plaisent pas aux grandes constructions idéales, ils appréhendent l'imprévu, et redoutent de se lancer dans des chemins encore inexplorés. C'est ce sentiment, très profond aussi chez les classes ouvrières, qui les gardera longtemps fidèles au régime actuel : elles craindront, sagement peut-être, de lâcher la proie pour l'ombre. Or, si, à l'époque de l'établissement du libre-échange, elles n'ont pas eu à être consultées, aujourd'hui, au contraire, ce sont elles qui seront appelées à trancher le débat. Leur attitude assurément, peut se modifier, mais on peut croire que leurs décisions ne seront pas dictées par des principes. Elles opteront pour le système qui leur paraîtra le plus favorable à leurs intérêts immédiats. Une crise industrielle, accompagnée d'une forte baisse des salaires, pourrait donc les jeter brusquement vers la politique protectionniste. Il y a une vingtaine d'années, à l'époque de la première réaction contre le libre-échange, un des plus grands propriétaires de charbonnages du nord de l'Angleterre et du pays de Galles, membre des Communes, sir George Elliott, parlant de l'éventualité de la formation d'un courant populaire en faveur de la protection disait : « Je ne sais que peu de chose en économie politique, mais je connais très bien l'ouvrier anglais, et je suis absolument certain que s'il se met à un moment donné dans la tête, à tort ou à raison, que la concurrence étrangère fait baisser son salaire, un cri s'élévera en faveur de la protection, si formidable, qu'aucun parti ne voudra courir l'aventure de lui résister (1) ».

Plus on va, plus s'effrite, au lieu de se fortifier, la foi de la population dans le libre-échange, et plus devient dure la concurrence étrangère pour l'industrie anglaise, plus augmentent les chances favorables à une modification de la politique douanière. Bien que l'opinion publique, dans son ensemble, paraisse à l'heure actuelle hostile au programme préconisé par M. Chamberlain, il suffirait d'une coïncidence d'événements pour que, même s'il est vaincu dans la première bataille, il puisse quelque temps après voir triompher une partie au moins de sa politique. Le retour à la protection faciliterait singulièrement la seconde partie de son plan, et il pourrait alors envisager la possibilité d'amener ses compatriotes à accepter un essai d'ententes douanières avec les colonies. Mais cette politique est-elle vraiment capable de donner les résul-

(1) Edward Dicey ; *Nineteenth century and after*, juillet 1903.

tats qu'il en attend, peut-elle conduire au libre-échange dans l'Empire, et finalement à la Fédération impériale ? Pour répondre à ces questions, il faut examiner avec quelque détail l'état des relations économiques de l'Angleterre avec ses grandes colonies, les perspectives d'avenir qui s'offrent à celles-ci, et l'attitude de leurs habitants à l'égard des projets de « Fédération britannique ».

CHAPITRE VI

La « Plus-Grande-Bretagne »
et la « Fédération britannique »

Les néo-réformateurs douaniers insistent
vivement sur la nécessité pour l'industrie
anglaise d'obtenir des avantages spéciaux sur
les marchés des colonies. Ces marchés lui
ont offert dans les dernières années des débouchés de plus en plus considérables, mais,
bien que le commerce anglais ait augmenté en
chiffre absolu, sa part proportionnelle, par suite
de la concurrence étrangère, est allée en diminuant d'année en année. Les importations du
Royaume-Uni dans les colonies autonomes ont
passé de près de 50 millions de liv. st. (moyenne
annuelle) pour la période 1888-90 à 64 millions

de liv. st. pour 1900-02, mais tandis que, dans la première période, ce chiffre représentait 61 0/0 des importations totales des colonies, dans la seconde, il n'en représentait plus que 49 0/0 (1). Pour juger l'importance et l'effica-

(1) *Valeur des importations dans les colonies autonomes.*

	Moyenne annuelle en £ (00.000 omis)		Pourcentage des importations du Roy.-Uni
	Importations totales	Importations du Roy.-Uni	
1888-90.......	49.7	81.2	61.4 0/0
1891-93.......	45.7	77.6	59.4
1894-96.......	44.4	77.0	57.7
1897-99.......	50.3	95.0	53.0
1900-02.......	64.1	131.0	49.0

(D'après le *Statistical abstract*).

Valeur des importations de toutes les colonies
(moins l'Inde).

	Moyenne annuelle en £ (00 000 omis)		Pourcentage des importations du Roy.-Uni
	Importations totales	Importations du Roy.-Uni	
1872-76......	98.6	46.4	47.1 0/0
1877-81......	99.9	46.9	47.0
1882-86......	123.8	55.6	44.9
1887-91......	136.5	57.2	41.8
1892-96......	131.8	52.7	40.0
1897-01......	171.7	64.2	37.4
1872-81......	99.3	46.7	47.0 0/0
1882-91......	130.1	56.4	43.3
1892-01......	151 8	58.5	38.7

(D'après « an economist », *op. cit.*, art. XI).

cité que peuvent avoir pour la métropole l'octroi de tarifs de faveurs, il est nécessaire d'étudier séparément les diverses colonies.

Le Canada est, de toutes les colonies, celle qui a causé à la métropole, dans ces dernières années, les plus sérieuses déceptions relativement aux débouchés qu'elle espérait y trouver. Pendant les dix années de 1886 à 1897, le chiffre des importations du Royaume-Uni avait baissé d'une manière sensible, alors qu'augmentaient sans arrêt les importations venant des États-Unis. La part de l'Angleterre dans les importations totales du Canada était tombée d'une manière continue, de 1886-88 à 1895-97, de 40 1/2 0/0 à 28 1/2 0/0.

Importations du Canada (moy. annuelle
en liv. st., 000 omis)

Avant le tarif préférentiel	Importat. totales	Imp. du Roy.-Uni	Imp. des États-Unis	Pourcentage du Roy.-Uni	des imp. des États-Unis
1886 88.	21.101	8.551	9.481	40 1/2	44 1/2
1889-91.	22.998	8.750	10.716	38	46 1/2
1892-94.	24.093	8.439	11.260	35	46 1/2
1895-97.	22.406	6.405	11.976	28 1/2	53
Après le tarif préférentiel					
1898-1900.	31.886	7832	19284	24 1/2	60
1901-02.	39.462	9476	23768	24	60

Depuis 1897, date de l'adoption du tarif préférentiel accordé par le Dominion aux produits métropolitains, le chiffre des importations du Royaume-Uni s'est sensiblement relevé, mais sa part proportionnelle n'a pas cessé de diminuer, tombant à 24 0/0. Cette fois encore, en dépit du tarif, ce sont les Etats-Unis qui ont su s'emparer de la plus grande part de l'augmentation des importations canadiennes. Les agents du *board of trade*, examinant ces résultats, à l'occasion de la Conférence coloniale de 1902, concluaient que le « tarif préférentiel n'avait eu que peu ou point d'effet en tant qu'encouragement donné au commerce anglais ». En réalité, les États-Unis ont sur l'Angleterre, pour un grand nombre des produits qu'importe le Canada, un double avantage, résultant de leur proximité géographique et de leur richesse en ressources naturelles. Pour ces produits : charbon, grains, coton, fer et aciers, produits métallurgiques, ces avantages les mettraient à l'abri de toute concurrence anglaise sur le marché canadien : « même si la préférence donnée à l'Angleterre était encore plus importante que celle actuelle ». Or, les articles de cette catégorie comptent pour 8 millions de liv. st. dans les 14 millions 1/2 de liv. st. d'augmentation totale des importations du Canada entre 1896-97 et 1900-01, et ils entrent pour 7 millions de liv. st. dans les 10 millions de liv. st. d'augmentation des importations venant des Etats-Unis.

Pour la métallurgie, la Grande-Bretagne ne peut manifestement pas concurrencer ces derniers :

Fer et acier et articles en fer et acier
(en liv. st., 000 omis).

	Importations totales	Imp. du Roy.-Uni	Imp. des Etats-Unis	Imp. des autres pays
1897....	11.718	2.678	8.686	355
1898....	16.813	2.253	14.194	366
1899....	20.156	2.721	17.007	428
1900....	29.554	5.730	23.202	622
1901....	27.178	3.403	23.110	665

Pour les textiles, articles de coton et lainages, l'Angleterre n'a pas éprouvé les mêmes déboires, et elle a pu conserver une situation prédominante sur le marché canadien, tout en subissant une concurrence sensible de la part des Etats-Unis pour les premiers produits, et de l'Allemagne pour les seconds.

Articles de coton (en liv. st. 000, omis)

	Importations totales	Imp. du Roy.-Uni	Imp. des Etats-Unis	Imp. des autres pays
1897.....	4.051	2.693	1.119	239
1898.....	4 710	3.086	1.332	292
1899.....	5.984	3.906	1.679	398
1900.....	6.506	4.474	1.509	522
1901.....	6.928	4.879	1.463	584
1902.....	7.451	5.108	1.608	734

Articles de laine (en liv. st. 000, omis)

	Importations totales	Imp. du Roy.-Uni	Imp. de l'Allemagne
1897......	7.125	5.553	853
1898......	7.985	6.291	877
1899......	9.803	7.605	999
1900......	9.801	7.943	997
1901......	9.944	7.940	818
1902......	10.946	8.860	866

Mais, pour un grand nombre d'autres articles : voitures — teintures, produits chimiques, — appareils électriques, — cuirs et articles en cuir, — papier, — etc, l'accroissement considérable des importations pendant les cinq dernières années a, pour la presque totalité, dans bien des cas, profité aux industriels américains. Ainsi que l'a reconnu M. Chamberlain, lui-même, à la conférence de 1902, le tarif préférentiel a été un vrai désappointement pour l'Angleterre. Son seul résultat a été de mettre un terme au déclin qui caractérisait depuis 1892

le commerce de la métropole avec sa colonie.
Pour que les industriels anglais pussent réaliser au Canada les avantages attendus du tarif
préférentiel, il faudrait que le Dominion con-
sentît à élever le taux de la préférence, et à
reviser son tarif de telle sorte qu'il frappe
un certain nombre d'articles admis actuellement
en franchise et pour lesquels, de ce fait, l'Angleterre ne jouit d'aucun avantage. Il importerait
aussi que le Canada abaissât le taux des droits
minima sur quelques articles, tels que les cotonnades et les produits métallurgiques, afin de
diminuer la protection qu'il réserve à l'industrie canadienne. Nous verrons tout à l'heure si
l'Angleterre peut espérer voir le gouvernement
du Dominion donner satisfaction à ses désirs.

La part prise par le Royaume-Uni dans les
importations du Commonwealth d'Australie est
plus importante que celle qu'il prend dans le
commerce canadien, et elle a été en augmentant
sensiblement pendant les dernières années.
Pourtant, là aussi, sa part proportionnelle a
été constamment en diminuant.

Importations totales du Commonwealth d'Australie (1)
(millions de liv. st.)

	Imp. totales	Imp. du Roy.-Uni (1)	Imp. des possess. britan. (2)	Imp. des pays étrang. (3)	pourcentage (1)	(2)	(3)
1891-93.	30.3	21.6	3.5	5.2	71.1	11.6	17.3
1894-96.	24.5	17.5	2.5	4.5	70.5	11.3	18.2
1897-99.	32.3	21.1	3.5	7.7	64.9	11.0	24.1
1900-02.	40.9	24.7	4.5	11.7	59.7	12.0	28.3

Il en est de même en Nouvelle-Zélande :

	Imp. totales	Imp. du Roy.-Uni
1891-93...............	6.7	4.5
1894-96...............	6.7	4.1
1897-99...............	8.3	5.6
1900-02...............	11.2	6.7

Les deux grands concurrents de l'Angleterre sur ces marchés sont l'Allemagne et les Etats-Unis, et le plus important des deux, c'est le dernier venu : les Etats-Unis.

Importations, du Commonwealth d'Australie
(millions de liv. st.)

En provenance	1891-93	1900-02
Du Royaume-Uni...	21.6	24.7
Des Etats-Unis......	1.6	5.0
De l'Allemagne.....	1.1	2.4

(1) D'après Coghlan, *National review*, mars 1904.

Importations de la Nouvelle-Zélande
(millions de liv. st.)

En provenance	1891-93	1900-02
Du Royaume-Uni...	4.5	6.7
Des Etats-Unis.....	0.37	1.26
De l'Allemagne.....	0.06	0.20

Une partie des importations des Etats-Unis ne font pas, à la vérité, concurrence aux produits anglais ; tels sont : le pétrole, les bois de construction, le tabac, que l'Angleterre ne saurait fournir à ses colonies. Quant aux autres articles américains, ceux dont l'importance augmente le plus vite sont : les articles en fer et acier, le fil de fer épineux pour clôtures, les machines, notamment l'outillage pour les mines d'or, les chaussures, le papier, les outils agricoles, les cotonnades. Bien que la concurrence allemande soit moins importante comme valeur, en fait, elle n'est pas moins gênante pour les industriels anglais, tous les produits allemands importés en Australie concurrençant les produits britanniques.

Le commerce de l'Afrique du Sud (1) est un

(1) Voir le rapport de M. Henry Birchenough, commissaire spécial du Board of trade « *On the present position and future prospects of British trade in South Africa* »; 1903. Blue book, Cd. 1844.

de ceux sur lequel les industriels anglais fondent le plus d'espoir. Il a pris, dans les dernières années, une extension considérable, et il est à présumer que lorsque les ravages causés par la guerre récente commenceront à s'effacer et que le travail reprendra avec toute son intensité sur les mines d'or du Transvaal, ce marché se développera encore. Or, tandis qu'au Canada et en Australie, les Anglais ont à se préoccuper de la concurrence d'une industrie locale naissante, dans l'Afrique australe, ils n'ont, jusqu'à présent, aucune appréhension de ce genre à redouter.

Importations de l'Afrique du Sud (par les ports du Cap et de Natal) (Millions de liv. st.)

	Imp. totales	Imp. des Etats-Unis	Imp. de l'Allemagne	Importations du Royaume-Uni	
				valeur	p. 100
1893-95 (moy. ann.).	16.469	741	573	13.112	85 0/0
1896-98 (dᵒ)	23.429	2.611	1.099	16.512	70
1899	20.724	2.645	938	13.405	64.7
1900	23.073	2.311	715	14.777	64.1
1901	30.971	2.640	1.117	20.325	65 6
1902	45.427	4.429	1.789	20.247	64.4

En 1893, l'Afrique du Sud était la sixième sur la liste des clients de l'Angleterre. Elle est aujourd'hui la deuxième, ayant laissé derrière elle les Etats-Unis, l'Allemagne, la France et l'Australie, et n'étant plus distancée que par l'Inde, qu'elle dépassera vraisemblablement bientôt. On conçoit que les Anglais se préoccupent de conserver un marché aussi important. Cependant, ici encore, le pourcentage des importations anglaises est tombé de 80 0/0 en 1893-95, à 70 0/0 en 1890-98, et à 65 0/0 dans les dernières années. Les deux rivaux qui harcèlent partout les industriels anglais ont naturellement cherché à prendre leur part de ce marché fructueux. De même qu'en Australie, les Etats-Unis sont le concurrent le plus redoutable, non seulement pour le présent, mais encore pour l'avenir. Après eux, d'ailleurs, les Allemands tiennent déjà une place importante qu'ils élargissent chaque année.

Cependant, la concurrence étrangère n'est pas aussi sérieuse qu'elle semble à première vue. Il importe pour la bien juger d'étudier les statistiques d'un peu près. Près du 1/3 des importations totales de l'Afrique australe consistent en produits alimentaires : céréales, viande — et en produits naturels : bois, huile minérale, tabac, que ce pays ne produit pas en quantité suffisante, ou qui n'existent pas sur son territoire, et que la métropole ne saurait lui fournir. La majorité de ces produits viennent de l'Australie, des Etats-Unis et de la République Argentine. En les éliminant, les importations du Royaume-Uni dans l'Afrique du Sud atteignent, pour les articles susceptibles de concurrence, 75 à 80 0/0 des importations totales.

Les importations américaines pour 1902 se composant pour 50 0/0 de produits alimentaires et autres produits naturels, l'importance de la concurrence faite par les Etats-Unis aux articles anglais se réduisait donc à un peu plus de 2 millions de liv. st. seulement. « Mais, — dit M. Birchenough, — quoique le montant actuel de leurs importations d'articles concurrents ne soit pas très grand, il augmente rapidement en volume et en variété. Il est impossible de visiter les ports, les entrepôts, les magasins ou les usines sans être frappé par l'extraordinaire vitalité du commerce américain (1) ». La concurrence allemande, quoique moins sérieuse, est plus générale et s'étend à un plus grand nombre d'articles.

______

(1) *Op. cit.*, p. 41.

***

La conquête des Républiques hollandaises a permis enfin la création d'une union douanière Sud-Africaine englobant tous les pays anglais. Le tarif adopté en mars 1903 par la convention de Blœmfontein, qui réunissait des délégués de toutes les colonies intéressées, accorde, à l'exemple du tarif canadien, une remise de droits aux produits importés du Royaume-Uni. Le tarif est presque exclusivement fiscal n'ayant un caractère protecteur, et encore très léger, que pour quelques produits agricoles (céréales, farine, viande, bétail). Les droits sont en général de 10 0/0 *ad valorem* ; quelques-uns sont de 20 0/0. Les produits anglais jouissent d'une réduction de 25 0/0. L'avantage réel pour les industriels métropolitains se réduit en somme à peu de chose : 2 1/2 0/0 à peine dans la plupart des cas. Et, par suite du nombre des articles admis en franchise, et du fait que les boissons, les spiritueux et le tabac sont exclus de la réduction, celle-ci ne bénéficiera en fait qu'à 55 0/0 des importations anglaises (1).

La colonie de la Nouvelle-Zélande a tenu également la promesse faite par ses délégués à la
conférence de 1902. Suivant la loi de novembre 1903, les taux de l'ancien tarif douanier.
s'élevant à 20 0/0 *ad valorem*, en général, ont
été maintenus pour les produits venant du
Royaume-Uni ou des colonies et possessions
britanniques, tandis qu'une surtaxe de 50 0/0
frappe maintenant les produits venant de pays
étrangers. En outre, alors que certains articles
(fer et acier, papier de journal, etc.) entrent
en franchise, s'ils sont d'origine britannique,
ils sont soumis à un droit *ad valorem* de 20 0/0
s'ils viennent d'autres pays.

Les avantages accordés déjà sur leurs marchés aux industriels anglais par le Canada,
l'Afrique du Sud, la Nouvelle-Zélande, ne sont
certainement pas à dédaigner, mais ils sont,
on vient de le voir, insuffisants pour les mettre
à l'abri de la concurrence étrangère. Le Canada
et la Nouvelle-Zélande, il est vrai, promettent
d'augmenter ces avantages si la métropole con-
sent à adopter une politique analogue en fa-

(1) *Board of trade journal*, **29 octobre 1903**.

veur de leurs produits. Dans un memorandum présenté à la conférence de 1902, les ministres canadiens déclaraient que « s'ils pouvaient être assurés de voir le Gouvernement impérial accepter le principe des tarifs préférentiels... ils étaient prêts à accorder à l'industriel anglais des avantages nouveaux et plus caractérisés sur ses concurrents ». Le gouvernement néo zélandais paraît être dans des dispositions analogues. Le premier, M. Seddon, entretenant ses électeurs de la mesure récemment adoptée à l'égard des produits métropolitains, disait : « La loi nouvelle n'a fait que peu de chose sans doute, pour la mère-patrie, mais des mesures plus avantageuses suivront si nos avances ne sont pas repoussées (1) ».

Ainsi, donnant donnant : les avantages actuels ont tout l'air d'un appât pour entraîner le Gouvernement métropolitain, d'une prime offerte par les colonies pour arriver à la conclusion d'un marché dont elles comprennent tout l'intérêt pour elles. A examiner les choses de près, on s'aperçoit vite, d'ailleurs, qu'elles ne

(1) *Times*, du 22 janvier 1904.

s'auraient aller bien loin dans la voie des concessions promises.

Tout d'abord, leur caractère de pays agricole les oblige pour produire à bon compte à se procurer au meilleur marché possible un certain nombre de produits manufacturés qui sont pour elles des instruments d'exploitation. Tels sont, par exemple, les outils et machines agricoles, les fils de fer pour clôtures, et en outre les machines et l'outillage pour les mines. Les colonies n'accorderont jamais à l'Angleterre qu'une préférence minime pour ces articles.

D'autre part, sauf dans l'Afrique australe, où l'industrie manufacturière n'existe pas, l'opinion dans les autres colonies est franchement protectionniste et elle ne paraît aucunement disposée à se modifier.

Le Canada possède dans ses richesses minérales, à peine exploitées encore, mais qui sont considérables, les éléments d'une industrie métallurgique puissante. Désireux de hâter son développement, il la favorise non seulement par la protection douanière, mais en outre par des primes à la production (1). Les industries

____

(1) Lois 6 de 1897, 11 de 1898, et 8 de 1899, amendée par la loi 68 de 1903.

du coton et de la laine sont déjà solidement établies et elles ont fort prospéré pendant les dix dernières années. En 1890-92, le Canada importait 122 millions de livres de coton. En 1900-02, il en a importé 183 millions de livres. Quant à la laine, l'importation nette est restée stationnaire au chiffre de 8 millions de livres, mais la production locale a beaucoup augmenté durant cette période. Et, naturellement, autour de ces industries fondamentales, des industries secondaires se sont créées, formant avec elles un groupe chaque année plus nombreux d'intérêts qui entendent ne pas se laisser sacrifier, et qui trouvent un appui dans l'opinion publique, grâce à ce sentiment commun à toutes les jeunes nations, que l'existence d'une industrie nationale développée est une garantie de l'indépendance du pays.

A la conférence de 1902, les ministres canadiens, répondant aux critiques que le Secrétaire colonial leur adressait sur l'insuffisance des avantages accordés aux produits métropolitains, déclaraient que « leur gouvernement avait été attaqué par les industriels qui se plaignaient que la préférence était préjudiciable à leurs intérêts ». Récemment, le président de l'Asso-

ciation des manufacturiers canadiens disait :
« Nous favorisons une politique de réciprocité
et de préférence à l'intérieur de l'Empire britannique, grâce à laquelle, par une revision
de leurs tarifs douaniers, le Royaume-Uni et
les colonies accorderaient mutuellement à leurs
produits une préférence substantielle contre
les produits des pays étrangers », mais, loin de
faire prévoir un abaissement du tarif préférentiel, il ajoutait que « le tarif général canadien devrait être suffisamment relevé pour
rendre la préférence déjà accordée aux industriels anglais plus avantageuse pour eux (1) ».
Un homme non moins autorisé, M. Clifford
Sifton, ministre de l'Intérieur du Dominion, a
indiqué aussi nettement l'opinion canadienne
sur ce sujet important : « Une chose a été sug-
gérée dans la discussion de la politique de préférence, chose à laquelle, assurément, nous ne
consentirions pas. On nous a suggéré de nous
abstenir de créer des industries nouvelles, afin
de donner à l'industrie anglaise la possibilité
de développer ses débouchés sur nos marchés,
dans des industries pour lesquelles nous ne la

(1) Au dîner annuel de l'Association, à Toronto, 20 novembre 1903 ; *National review*, janvier 1904.

concurrençons pas encore. Je ne pense pas que personne au Canada acceptera une proposition de cette nature. L'idée d'un peuple de 6 millions d'individus, avec les ressources naturelles que nous possédons, disant qu'il n'entreprendrait pas de fabriquer d'autres articles que ceux qu'il fabrique actuellement est en vérité une proposition inacceptable.... Si la Grande Bretagne se décide à nous demander quelques avantages additionnels, nous devrons considérer avec soin l'effet que pourra avoir toute concession ainsi faite sur les industries existantes au Canada et sur celles qui sont susceptibles d'y être établies dans l'avenir (1) ». Lors de la présentation au Parlement du projet de budget pour l'année 1904-05, le ministre des finances a annoncé qu'il serait apporté cette année quelques modifications au tarif douanier. Pour satisfaire les demandes des fabricants canadiens, le taux du droit de préférence sur les lainages et les cordages, dont jouissaient les produits anglais, ont été élevés respectivement de 23 1/3 à 30 0/0, et de 16 2/3 à 20 0/0. Par contre, les droits du tarif préfé-

____

(1) Au Canadian club, 7 décembre 1903; *Standard*, 23 décembre 1903.

rentiel, dont continue à jouir seule la Grande-Bretagne, sur les porcelaines et les verres à vitre ont été abaissés, respectivement de 20 0/0 à 15 0/0, et de 13 1/3 0/0 à 7 1/2 0/0. Le ministre des finances a fait prévoir une revision générale prochaine du tarif actuel, après une enquête sur l'état de l'industrie canadienne. Suivant les intentions du Gouvernement, on adopterait le principe d'un triple tarif : un tarif maximum pour les pays traitant défavorablement les produits canadiens, un tarif minimum pour les pays leur faisant des concessions particulières, enfin un tarif plus réduit encore : le tarif préférentiel, applicable uniquement à la Grande-Bretagne et aux colonies britanniques. L'élévation récente des droits sur les lainages et cordages provenant d'Angleterre a soulevé des réclamations dans ce pays. Une question a même été posée à ce sujet au Gouvernement, mais le Premier ministre n'a pu que déclarer que ces questions de tarifs sont de celles qui « doivent être laissées à la discrétion du gouvernement canadien (1) ». Celui-ci s'ins-

(1) En réponse à une question sur le tarif canadien frappant les marchandises britanniques, le Premier ministre a fait la communication suivante à M. Lloyd-George, M. P.

pire uniquement dans les mesures de ce genre de l'intérêt du Canada : le sentiment impérialiste n'est pas de mise dans les questions d'affaires. Récemment encore, sir Wilfrid Laurier le déclarait sans ambages au parlement canadien : « Quand nous avons accordé la préférence, nous l'avons accordée sans aucune réciprocité de la part de la Grande Bretagne. Nous pensions servir ainsi les intérêts du Canada, et si nous avons plus tard à discuter de nouveau cette question, nous adopterons encore les solutions qui seront les plus avantageuses pour les intérêts du Canada (1) ».

Dans la Nouvelle-Zélande, les mêmes idées dominent. En présentant à la Chambre le bill

« Mon attention a été appelée sur la proposition du gouvernement canadien de diminuer la préférence actuelle sur les lainages et cordages d'origine britannique Le Gouvernement de S. M. n'a pas l'intention de protester contre cette proposition, 1°, parce qu'elle fait seulement partie d'un projet de revision douanière qui paraît être élaboré dans un esprit favorable aux industries anglaises, et qui comprend une augmentation de la préférence pour certains autres articles ; et, 2°, parce que, en l'absence d'un accord réciproque, la nature précise et le taux de la préférence à accorder aux importations britanniques sont des questions qui doivent être laissées entièrement à la discrétion du gouvernement canadien ». *Weekly Times*, 24 juin 1904.

(1) Suivant M. Albert Métin (*La politique canadienne ; Revue Bleue* de mai 1904), lors de son dernier voyage en France, en 1902, sir Wilfrid Laurier se serait déclaré prêt à

de préférence. M. Seddon, faisant allusion à la proposition qui avait été faite de réduire le tarif existant en faveur des importations britanniques, déclarait que ce mode de procéder était impraticable, parce qu'il pourrait avoir pour l'industrie locale des résultats dangereux.

Le Commonwealth d'Australie est la seule colonie autonome qui n'ait pas encore accordé aux produits métropolitains d'avantages douaniers spéciaux. Cette politique n'y rencontre pas, à la vérité, d'opposition décidée, mais aucun homme d'État australien n'a encore osé en proposer l'application immédiate. Les trois ministères qui se sont succédé depuis l'inauguration du Commonwealth ont adopté à l'égard de cette politique une attitude expectante : l'Australie attend pour prendre une décision que le Gouvernement anglais lui soumette un plan arrêté, capable de servir de base à des négociations. Le tarif actuel du Commonwealth n'est pas aussi élevé que celui du Canada et

conclure un traité de commerce avec la France. « Sollicité à ce sujet par le député du Hâvre, M. Jules Siegfried, et par plusieurs hommes politiques et négociants français, il disait : « Nous ne pouvons guère vous accorder autant qu'à l'Angleterre, mais nous vous offrons une réduction de 25 0/0 sur nos tarifs, et nous irons s'il le faut, jusqu'à 32 ».

de la Nouvelle Zélande(1) ; il n'accorde qu'une moindre protection aux industries locales, mais le désir de développer celles-ci n'y est pas moins fortement existant. Les intérêts industriels sont déjà assez nombreux pour soutenir avec succès leurs revendications. Ils ont l'appui de la population ouvrière, concentrée dans un petit nombre de grandes villes et qui a, tout comme les patrons, une très grande confiance dans la politique protectionniste. Les ouvriers australiens entendent se protéger à la fois contre l'immigration, aussi bien blanche que de couleur, et contre les produits de fabrication étrangère. Il est donc très vraisemblable que, si une mesure de préférence était adoptée en faveur de la métropole, l'Australie, à l'exemple de sa voisine, la Nouvelle-Zélande, conserverait son tarif actuel et se bornerait à percevoir une surtaxe sur les articles venant d'autres pays que du Royaume-Uni.

(1) Estimation de l'équivalent *ad valorem* des droit d'importation perçus sur les principaux articles d'exportation du Royaume-Uni :

Canada...................................... 16 0/0
Nouvelle-Zélande.......................... 9 0/0
Commonwealth d'Australie................. 6 0/0
Union douanière de l'Afrique Australe...... 6 0/0
(*Fiscal blue book*, Cd. 1761, P. 171).

L'examen des conditions existantes dans les
colonies autonomes ne fait nullement présager, on le voit, que la politique préférentielle
puisse être un acheminement vers le libre-échange à l'intérieur de l'Empire. Il paraît bien
plus vraisemblable que, avec ou sans la politique de préférence, les tendances protectionnistes des colonies iront en s'accentuant, et
que celles-ci ne renonceront nullement à protéger leurs industries d'une manière efficace
contre la concurrence métropolitaine aussi
bien que contre celle des autres pays européens.

Si les avantages que les néo-protectionnistes
proposent d'accorder sur le marché métropolitain aux produits des colonies étaient assez importants, peut-être cependant que celles-ci, pour
se les assurer, consentiraient à se départir quelque peu de leur rigueur protectionniste. Mais
la modération extrême des offres de la métropole, ne permet pas d'espérer un semblable
résultat.

Les droits préférentiels proposés ne doivent

porter que sur les produits alimentaires : les céréales, la viande et les produits de la laiterie. M. Chamberlain croit même devoir exclure le maïs, employé par les éleveurs pour l'engraissement des bestiaux, et le lard, qui est consommé en grande quantité par les classes pauvres. L'Angleterre importe annuellement pour plus de 3 milliards de francs des produits alimentaires qui devraient faire l'objet d'un régime de faveur pour les colonies, mais celles-ci ne lui fournissent encore que 20 0/0 de ces produits.

Importations totales dans le Royaume-Uni, en 1902, des produits alimentaires (milliers de liv. st.) (1)

Pays de provenance	céréales (maïs exclu)	bétail vivant	viande (lard exclu)	produits de la laiterie	Total
Possessions britanniques..	9.345	1.757	5.800	7.412	24.314
Pays étrangers	40.011	6.507	20.443	33.669	100.630
Total......	50.190	8.269	26.453	41.744	126.656
Inde..........	3.321	—	—	3	3.324
Australie.....	1.496	—	1.295	402	3.193
Nouvelle-Zélande.......	74	—	3.919	913	4.906
Canada.......	4.454	1.731	585	6.094	12.864

(1) D'après le *Fiscal blue book*, Cd. 1721, p. 112.

Le Canada serait la colonie qui, actuellement, retirerait les avantages les plus sérieux de la préférence. Celle-ci affecterait près de 15 millions de liv. st. de ses exportations. C'est, en outre, celle qui, étant le mieux en situation d'augmenter rapidement sa production de céréales, serait la plus favorisée par l'existence d'un droit préférentiel sur le blé. Le Dominion possède dans le Manitoba et les trois territoires voisins une étendue de terre évaluée à plus de 171 millions d'acres, susceptibles d'être mis en culture ; c'est à peine si 4 millions et demi sont cultivés aujourd'hui. « Ces conditions exceptionnelles permettraient au Canada, dans un petit nombre d'années, après avoir suffi aux besoins d'une population fort accrue, de fournir à la métropole tout le blé qu'elle demande à l'extérieur, et d'avoir encore un surplus important à envoyer à d'autres pays (1) ». Il peut donc très légitimement ambitionner devenir le « grenier de l'Empire ». L'Australie et la Nouvelle-Zélande trouveraient dans la préférence un avantage pour leur industrie de l'élevage,

(1) Dr William Saunders, *the Canadian magazine*, avril 1904.

susceptible, dans le Commonwealth surtout, d'une extension importante, malgré les limites que lui imposent le manque d'eau et les déboires que les sécheresses lui causent trop fréquemment. Toutes seraient également favorisées pour leurs industries laitières qui peuvent à présent, grâce aux procédés frigorifiques, expédier avec profit leurs produits au loin. L'Afrique du Sud, seule, ne tirerait aucun avantage de la nouvelle politique. Ses principales exportations sont l'or et les diamants, qui échappent aux faveurs de cette nature. Elle exporte aussi, quoiqu'en faible quantité, de la laine et des peaux, mais toute faveur est refusée pour ces produits. Elle ne pourrait donc qu'espérer profiter, dans un temps éloigné, de la préférence sur la viande si malgré le manque d'eau, une de ses graves défectuosités à elle aussi, il lui était possible de développer assez l'élevage pour pouvoir un jour exporter du bétail.

En somme, les avantages offerts par M. Chamberlain aux colonies ne sont pas assez importants pour faire oublier à celles-ci leurs tendances actuelles, et il ne paraît pas que le faible droit de 2 sh. sur le blé et de 5 0/0 sur la viande et les produits de la laiterie soient suffisants pour créer le stimulant désiré en faveur de l'agriculture, déjà puissament favorisée par les conditions naturelles. L'Angleterre devrait donc consentir pour obtenir les résultats cherchés à l'imposition de droits d'entrée beaucoup plus élevés sur les produits alimentaires venant de l'étranger : c'est pour elle une impossibilité absolue.

Le développement artificiel que les néo-protectionnistes entendent donner aux colonies par leur politique ne se produira donc pas, et les conditions que la métropole pourrait offrir à celles-ci seraient certainement insuffisantes pour les amener à consentir au profit des industriels anglais à entraver le développement de leurs industries manufacturières.

Dans ce grand projet de politique préférentielle, il est une possession qui, assurément, ne saurait être négligée : c'est l'Empire indien. M. Chamberlain l'avait, il est vrai, laissée de côté dans ses premiers discours. Etait-ce un oubli véritable? N'était-ce pas, peut-être, qu'il était convaincu que par sa situation politique, l'Inde, à la différence des colonies autonomes, devrait, bon gré malgré, adopter la conduite que lui dicterait la métropole ? Son rang, dans l'Empire futur, s'il est jamais créé, ne saurait changer : elle sera une possession impériale, au lieu d'être une possession du Royaume-Uni, voilà tout. Son importance, cependant, exige que l'on examine les avantages qu'elle peut accorder à la métropole, et les avantages ou les inconvénients que le système proposé entraînerait pour elle (1). Le tarif de l'Inde est entièrement libre de toute trace de préférence et de tout caractère protecteur. A l'exception d'un très petit nombre d'articles spécialement taxés, le droit général est un droit *ad valorem* de 5 0/0, réduit à 3 1/2 0/0 pour les cotonnades en pièces, et à 1 0/0 pour le fer et l'acier. La liste des produits admis en franchise n'est pas très longue, mais elle renferme les articles importants de la machinerie et des filés de coton. Un droit intérieur d'accise, égal au droit d'importation, frappe le sel et les cotonnades. Le droit d'accise sur les cotonnades a été imposé à la demande

(1) Voir *Views of the government of India on the question of preferential tariffs*, 1904. Cd. 1931.

expresse des industriels du Lancashire, qui redoutaient l'avantage que pourrait donner à l'industrie indienne le faible droit d'entrée de
3 1/2 0/0 sur ces produits, dont le revenu est
nécessaire pour assurer l'équilibre du budget
indien.

Importations de l'Inde anglaise (milliers de liv. st.) (1)

Provenance	moy. ann. 1898-99 à 1902-03	pour-centage	1902-03	pour-centage
Royaume-Uni.	33.240	66.4 0/0	34.849	66.3 0/0
Possessions britanniques..	4.785	9.5	4.995	9.6
Pays étrangers	12.065	24.1	12.681	24.1
	50.000		52.525	

L'Inde est le client le plus important du
Royaume-Uni, et la part que la métropole prend
dans les importations totales de sa grande possession est restée à peu près stationnaire pendant la dernière décade, dépassant légèrement

(1) D'après *Views of...*, *op. cit.*
Les principaux pays étrangers importateurs sont (1902-03,
milliers de liv. st.) :

Autriche-Hongrie	1.925
Allemagne	1.495
Belgique	1.680
Russie	1.758
Etats-Unis	833

66 0/0. L'industrie anglaise ne rencontre encore sur ce marché qu'une concurrence peu importante. Des 12 millions 1/2 de liv. st., montant des importations étrangères, près de moitié sont des articles que l'Angleterre ne produit pas : pétrole, sucre de betteraves, vins, soiries, etc. Et sur les 35 millions de liv. st. qu'elle-même envoie. plus des 2/3 sont en fait demeurés jusqu'à présent à peu près à l'abri de toute concurrence étrangère ; en particulier les cotonnades, dont elle fournit la presque totalité, — la quincaillerie et la coutellerie, les articles métallurgiques, dont elle fournit les 3/4 ; — les lainages, dont elle envoie les 2/3. A l'égard de ces derniers produits, un tarif préférentiel pourrait cependant être utile à l'industrie métropolitaine, pour entraver la concurrence naissante. Mais ce que les industriels du Lancashire redoutent surtout, ce sont les progrès continus de l'industrie cotonnière locale, qui réduiront de plus en plus leurs débouchés sur ce marché si lucratif pour eux.

En échange des sacrifices que l'Angleterre pourrait être amenée à demander à l'Inde, elle n'a que peu d'avantages compensateurs à lui offrir.

Exportations de l'Inde anglaise, 1902-1903
(milliers de liv. st.).

Pays de destination

Royaume-Uni	21.165	25 2 0/0
Possessions britanniques..	11.061	13 3 0/0
Pays étrangers............	51.694	61 5 0/0
	83.920	

Nature des exportations

Matières premières..................	39.365
Produits alimentaires................	23.930
Produits fabriqués..................	14.594
Divers............................	6.031

Le Royaume-Uni ne prend que 1/4 des exportations de l'Inde. Les 2/3 de celles-ci sont destinés à des pays étrangers. Or, comme 50 0/0 de ces exportations sont des matières premières dont ces pays ne peuvent se passer, il est de leur intérêt de les admettre aux meilleures conditions possibles. 50 0/0 de la valeur des produits exportés par l'Inde sont admis en franchise sur les marchés de consommation, tandis qu'une grande partie du reste n'est soumise qu'à des droits d'entrée modérés, ou, comme dans le Royaume-Uni, le thé, le café, les épices, qu'à des droits purement fiscaux. L'Inde ne peut donc attendre que des avantages mo dique d'un tarif préférentiel, surtout si les matières premières en demeurent exclues. Pour le thé, qui compose le 1/4 de ses envois au Royaume-Uni, elle fournit à celui-ci, avec Ceylan, plus des 9/10 de ses importations totales : une réduction du droit sur ce produit pourrait stimuler la consommation, mais le bénéfice d'un droit de préférence demeurerait nominal. Pour le blé, l'Inde pourrait augmenter sa production, mais celle-ci est demeurée jusqu'à présent fort incertaine. Pour le riz, elle fournit déjà les 2/3 des importations de la métropole. Les seuls avantages qui lui seraient vraiment profitables ne concerneraient donc que le café, le tabac et l'indigo.

Si l'Inde ne peut espérer des avantages importants sur le marché impérial, elle court le risque en adoptant une politique de préférence de voir ses produits frappés de droits de représailles par les pays étrangers. Or, sa situation de pays débiteur l'oblige à stimuler par tous les moyens en son pouvoir son exportation : une semblable politique pourrait ainsi avoir pour sa stabilité financière des suites dangereuses.

*
* *

La politique de préférence ne saurait donc conduire, comme l'affirment M. Chamberlain et les néo-protectionnistes, à l'établissement du libre-échange entre la métropole et les colonies. L'unité de marché que l'on veut créer dans l'Empire britannique, précurseur nécessaire du plan politique poursuivi, rencontre trop d'obstacles pour être réalisé. Et, à la place des heureux résultats que les partisans des tarifs préférentiels en attendent, il y a bien des chances pour qu'ils deviennent, au contraire, comme le prédisent les adversaires de M. Chamberlain, une cause de mésintelligence entre les membres de l'Empire. L'élaboration des tarifs, le choix des articles à favoriser, l'étendue de la préférence à accorder, autant de difficultés que l'on ne pourra éviter, que l'on ne résoudra que par des compromis, qui n'échapperont pas au sort ordinaire des mesures de ce genre, lesquelles déplaisent, en général, aux deux intéressés. Admettons, cependant, que, par un concours de circonstances inattendu, cette politique, une fois adoptée, puisse fonctionner sans trop de heurts, y aurait-il alors quelque raison d'espérer pouvoir, avec le temps, édifier cette « Fédération britannique », qui est le point d'aboutissement des communs désirs de tous les impérialistes ?

Jamais, peut-être, problème plus difficile ne s'est posé à des hommes d'Etat. Les projets de Fédération se heurtent à des forces naturelles, à des tendances séparatistes, contre lesquelles ni les intérêts, ni le sentiment ne paraissent capables de prévaloir. Si les jeunes nations anglo-saxonnes qu'il s'agit d'unir d'une manière indissoluble à la nation anglaise étaient, comme l'Ecosse, par exemple, voisines de l'Angleterre, on pourrait caresser l'espoir de les voir se fondre un jour pour former une nationalité commune. Mais, quoiqu'en disent les impérialistes, en dépit de toutes les inventions contemporaines, malgré les facilités de plus en plus grandes offertes par les moyens de navigation, les océans ne sont pas devenus des facteurs d'union entre les peuples. Si l'on devait croire certains auteurs, les grandes routes maritimes, seules voies de communication entre les membres de la Fédération future, seraient plus sûres, plus aisées à défendre que les routes terrestres qui unissent les membres des grands empires continentaux. Il n'en est rien, cependant et les océans restent ce qu'ils ont toujours été, des isolateurs. La tâche que poursuivent les impérialistes, c'est, en fin de compte, la création d'une nationalité nouvelle, composée de membres séparés par des milliers et des milliers de lieues, nationalité dans laquelle devraient se fondre et abdiquer la vieille nationalité anglaise et les jeunes nationalités canadienne, australienne, sud-africaine, non moins orgueilleuses, non moins assoiffées d'indépendance que leur aînée. Substituer à ces nations diverses une « nation britannique » est sans doute un rêve grandiose ; ce ne pourra jamais être qu'un vain rêve.

La Fédération nécessitera de la part de ses membres l'abandon au Gouvernement nouveau de certaines de leurs prérogatives actuelles. L'Angleterre ne peut consentir un pareil sacrifice qu'à la condition d'être assurée de conserver dans la Fédération le rôle prédominant auquel lui permettent de prétendre son long et glorieux passé, sa population, quatre fois plus importante que la population blanche des colonies autonomes réunies, sa richesse, tellement plus considérable que la leur. Il faut qu'elle soit la puissance maîtresse, le membre majeur de la Fédération, qu'elle puisse toujours faire triompher sa volonté dans les conseils de l'Empire. Le peuple anglais n'a pas l'idée de délaisser sa nationalité, ni ses intérêts particuliers, au profit d'une nationalité nouvelle.

Les colonies ne sont pas mieux disposées à cet égard. Envisageant l'éventualité de l'adoption de la politique de préférence, le duc de Devonshire disait : « Quels que puissent être les avantages immédiats qui seront assurés par cette politique aux colonies, je ne crois pas que l'on puisse douter que celles-ci devront en échange abandonner quelque peu de cette indépendance et de cette entière liberté d'action dans leur législation fiscale, commerciale et industrielle auxquelles elles ont paru attacher jusqu'ici, dans leur propre intérêt, une si grande importance (1) ». La réponse des colonies ne s'est pas faite attendre. Quelques jours plus tard, le Premier du Dominion, sir Wilfrid Laurier, portant un toast « à l'Empire »,

(1) A l'assemblée générale annuelle de la *British Empire league*, 20 juillet 1903.

au banquet donné aux délégués du Congrès des Chambres de commerce de l'Empire, réuni à Montréal (1), en profitait pour déclarer qu'il lui était impossible d'accepter la doctrine du noble duc : « Si nous devons obtenir du peuple de la Grande-Bretagne une concession en échange de laquelle nous sommes prêts à lui donner un équivalent, et si nous ne devons l'obtenir qu'à la condition d'abandonner quelques-uns de nos droits politiques, pour ma part, je dirai simplement : n'allons pas plus loin, nous sommes déjà arrivés au croisement des chemins (2) ». Non seulement le Canada refuse d'abandonner la moindre de ses prérogatives actuelles, et son attitude aux conférences coloniales de 1887, 1897 et 1902, ses refus réitérés de concourir aux dépenses militaires impériales supportées par la métropole, sa persistance à créer une armée et une marine canadiennes, montre bien son inébranlable résolution à cet égard, mais encore il profite de tous les événements favorables pour les étendre. Le nouveau bill déposé par le gouverne-

(1) Le 20 août 1903.
(2) Compte-rendu du 5ᵉ Congrès des Chambres de commerce de l'Empire, p. 142.

ment à la dernière session pour réformer et aug·
menter la milice a été l'objet de la part des im·
périalistes canadiens de critiques intéressantes
à cet égard : « Les auteurs du projet se sont tout
d'abord débarrassés du général anglais commandant les forces canadiennes ; puis, ils ont
effacé presque entièrement le nom du roi de
la nouvelle loi, et il lui ont substitué le cabi·
net canadien comme l'autorité à laquelle les
soldats canadiens devront directement allégeance : enfin, il est interdit aux soldats du
Canada de servir hors du Canada, à moins et
jusqu'à ce que le Parlement se réunisse et leur
en donne l'autorisation. Si ce n'est pas là un
affaiblissement sérieux et prémédité du lien
anglais et impérial, nous aimerions savoir ce
que c'est (1) ». Un incident récent a permis au
gouvernement du Dominion de montrer une
fois de plus l'attitude qu'il entend conserver
dans les questions de ce genre. Lord Dundo-
nald, général anglais, commandant de la milice
canadienne, ayant eu un différend avec le ministre de la défense, crut devoir en faire juge
la population dans un discours public. Il a

---

(1) Extrait du *Citizen* d'Ottawa, cité par le *Weekly Times*,
22 juillet 1904.

été immédiatement révoqué de ses fonctions, pour avoir commis une infraction constitutionnelle, le ministre, dont il est le subordonné, ayant seul à répondre devant le pays de l'état de l'armée. L'opposition a naturellement tenté de se servir de l'incident comme d'une arme contre sir Wilfrid Laurier, mais elle n'y a pas réussi, et l'action du Premier a été approuvée par le peuple canadien. Le règlement de la question de la frontière de l'Alaska, qui était depuis longtemps une cause de mésintelligence entre les Etats-Unis et le Dominion, effectué sous les auspices de la métropole, a témoigné de nouveau les difficultés qu'éprouve celle-ci lorsqu'elle est appelée à se mêler de questions intéressant les grandes colonies. Le Canada ayant été mécontent du jugement rendu par la Commission mixte à laquelle était confié le soin de résoudre le litige, ses hommes d'Etat se sont cru incités de ce chef à demander l'octroi de pouvoirs nouveaux : « Les institutions qui nous ont suffi jusqu'à présent peuvent ne pas toujours rester ce qu'elles sont. Nous pouvons être amenés à demander une plus grande autonomie locale. Le moment pourra venir où nous demanderons le pouvoir de traiter nous-mêmes avec les puissances étrangères ». Sir Wilfrid Laurier a beau s'empresser d'ajouter : « On a dit que si nous avions le pouvoir de faire des traités le lien colonial serait rompu. Je proteste contre cette idée. Quels que soient les pouvoirs qui seront nécessaires à des colonies comme le Canada, l'Australie, la Nouvelle-Zélande, ou toute autre colonie autonome de l'Empire pour leur permettre de diriger leurs institutions personnelles suivant leurs vues particulières pour leurs propres intérêts, je crois que, au lieu de relâcher le lien qui nous unit à la mère-patrie, cela le fortifiera. Telle a été l'expérience passée, telle sera l'histoire de l'avenir (1) ». Il est impossible de le croire ; en dépit de tous les artifices que l'on pourrait imaginer, de tous les arguments subtils dont on voudrait se leurrer, ce serait là, sinon le dernier, au moins l'avant-dernier pas vers l'indépendance.

Les Australiens ne pensent pas sur ces questions autrement que les Canadiens. Les exigences montrées par leurs hommes d'Etat lors de l'élaboration de la Constitution du Common-

(1) Au *Canadian club*, à Ottawa ; *Weekly Times*, 22 janvier 1904.

wealth pour réduire à néant la juridiction du Conseil privé du Royaume-Uni sur les affaires australiennes, un des rares liens encore subsistants avec la métropole, leur ténacité à faire triompher leur volonté, malgré les objurgations du Gouvernement anglais, en est la preuve. La Nouvelle-Zélande a témoigné jusqu'ici une attitude moins rude à l'égard de la mère-patrie. Son bruyant Premier, M. Seddon, a secondé de tout son pouvoir les projets de M. Chamberlain, à la conférence coloniale de 1902, et ses électeurs l'ont approuvé. Mais la politique des néo-zélandais est moins guidée par le sentiment qu'il pourrait sembler à première vue. Leur isolement, en plein Pacifique, et la faiblesse de leur population, d'à peine 800.000 habitants, ne leur permet pas encore d'avoir une trop grande confiance en eux-mêmes. D'autre part, les raisons mêmes qui les ont empêchés de s'unir au Commonwealth : crainte de s'imposer des charges nouvelles, refus d'abandonner quelques-uns de leurs pouvoirs à un gouvernement éloigné, fait mal augurer de leur attitude à l'égard de la Fédération britannique le jour où ils seraient appelés à y donner une adhésion formelle. Quant à l'Afrique du Sud, la crise terrible qu'elle vient à peine de traverser l'a trop éprouvée pour qu'elle puisse avant un temps assez long retrouver une situation normale. Mais, là aussi, il est impossible à ceux qui ont étudié quelque peu ce pays d'en douter, une nationalité particulière est en formation. La seule question encore irrésolue est de savoir dans quelle proportion la race anglaise et la race hollandaise affecteront le type sud-africain futur.

Comment pourrait-on supposer, d'ailleurs, que de jeunes sociétés douées d'une aussi grande vigueur qu'ont fait preuve celles-ci, dotées de richesses naturelles considérables, possédant un territoire continu dont les dimensions laissent loin derrière elles nos petits pays d'Europe, ayant déjà une histoire, n'ambitionneront pas jouer à leur tour un rôle dans le monde, et se développer librement, suivant les caractéristiques particulières à leur génie et à leurs intérêts propres. À mesure que le temps s'écoule, les colons s'identifient de plus en plus avec leur nouvelle patrie ; les liens qui les unissaient avec les membres de leur famille laissés dans le Vieux Monde se brisent peu à peu ; quelle que soit la diversité de leurs ori-

gines, ils se rapprochent pour former une nationalité nouvelle, chaque jour plus nombreuse et
plus unie. Des intérêts communs naissent,
grandissent, se multiplient, et enserrent dans
leurs ramifications innombrables tous les individus qui sont venus chercher la fortune ou
seulement une vie plus aisée dans ces régions
encore à peine exploitées. Une mentalité particulière, un idéal commun, se développent
dans les jeunes générations, qui n'ont plus
pour leur pays d'origine que des sentiments
d'affection qui vont fatalement en s'atténuant
de plus en plus, tandis qu'elles réservent toute
la force de leur dévouement à la jeune patrie
où elles ont vu le jour.

L'empire pris par la langue anglaise, qui domine dans toutes les colonies britanniques, la
reconnaissance que les colons témoignent à
l'Angleterre pour les institutions libérales
dont elle les a dotés, et l'appui qu'ils ont toujours trouvé auprès d'elle, peuvent tromper les
Anglais sur l'état d'esprit véritable des colons et
sur la nature de leur loyauté envers la mère-
patrie. L'aide prêtée par les colonies à la métropole dans la guerre du Transvaal a été regardée en Angleterre comme le témoignage

d'une loyauté persistante, que rien ne saurait ébranler, et l'opinion publique anglaise a voulu y voir une garantie certaine de leur conduite dans l'avenir. Ce pourrait être une illusion dangereuse. L'insistance avec laquelle le gouvernement canadien a déclaré que l'envoi de troupes en Afrique australe ne devait nullement créer un précédent, ne justifie guère un pareil optimisme. « Les colonies, — écrit un homme qui les connaît bien, — ne sont pas loyales à l'Angleterre. Voici l'ordre invariable de la loyauté coloniale : la loyauté à sa propre colonie, d'abord, la loyauté à l'Empire ensuite, enfin la loyauté à l'Angleterre (1) ». Et, si l'on supposait qu'il puisse y avoir parfois la moindre hésitation dans cet ordre, il suffirait de méditer cette appréciation, par le même auteur, de l'état d'esprit du colonial : « S'il est une chose dont l'Anglais est profondément convaincu, c'est qu'il est le premier individu de l'humanité. S'il y a une chose que le colonial regarde comme irréfutable, c'est que dans toutes les qualités qui forment à ses yeux l'idéal de ce que doit être

____

(1) Arthur H. Adams ; *Nineteenth century and after*, octobre 1903.

l'homme, il est le supérieur de l'Anglais ».

Seule, la certitude d'un danger extérieur pressant contre lequel leur faiblesse actuelle les mettrait dans l'impossibilité de soutenir la lutte pourrait amener les colonies, pour assurer leur sécurité menacée, à consentir l'abandon de quelques-unes de leurs prérogatives. Pareil danger ne semble nullement exister, quant à présent, ni à prévoir dans un avenir prochain, pour les coloniaux. Lorsque la métropole leur dit qu'une partie de ses dépenses navales a pour objet la défense des colonies et du commerce colonial, ils répondent que l'étendue de son commerce maritime, les colonies n'existe- raient-elles pas, empêcherait l'Angleterre de réduire aucunement sa flotte ; que d'ailleurs, les sommes importantes que les colonies consacrent aux grands travaux publics : cons- tructions de ports, de chemins de fer, qui con- tribuent à la mise en valeur et à la sécurité générale de l'Empire, dépassent de beaucoup la quote-part qu'elles auraient à payer des dé- penses navales, proportionnellement à leur population ou à leur commerce. Le Canada, que sa proximité des Etats-Unis rend le plus vulné- rable, se rend compte que, en cas de guerre

avec son voisin, la grande étendue de sa frontière continentale diminuerait beaucoup l'efficacité de l'aide que pourrait lui donner la
Grande-Bretagne. D'autre part, s'il devenait
indépendant, la doctrine de Monroe lui servirait de bouclier contre toute attaque venant
d'une puissance européenne : fidèles à leur
politique traditionnelle, les Etats-Unis ne le
laisseraient pas isolés dans un pareil conflit.
Pour l'Australie et la Nouvelle-Zélande, c'est
leur éloignement du Vieux Monde, et leur
isolement qui constituent leur plus grande
sécurité. La situation de l'Afrique Australe est
moins heureuse : l'importance stratégique de
Simon's bay est un gros danger pour sa sécurité,
et, réduite à ses seules forces, elle ne pourrait
longtemps défendre son intégrité. Mais c'est une
condition qui se modifiera avec l'accroissement
de sa population, et le défaut d'homogénéité de
celle-ci, sa division en deux éléments hostiles,
y rend plus précaire encore que dans les
autres colonies la solidification et le développement du sentiment impérialiste.

Ainsi, les tendances naturelles qui poussent
les colonies autonomes à devenir à leur tour
des nations indépendantes, la diversité de leurs

intérêts, qui ne seront que très rarement communs à toutes, qui ne seront pas toujours conformes aux intérêts de l'Angleterre et pourront, au contraire, se trouver en conflit avec eux, sont des obstacles vraisemblablement insurmontables à l'édification de la Fédération britannique. Ces raisons expliquent l'attitude purement expectante à l'égard de cette question, des libéraux-impérialistes comme lord Rosebery, sir Charles Dilke, M. Asquith. Prévoyant les embarras, les mécontentements que ne pourra manquer de faire naître une politique active, en redoutant les suites fatales, ils préfèrent laisser à l'avenir le soin de résoudre ce redoutable problème. Leur conduite est moins virile, sans doute, mais elle est certainement plus prudente et plus sage que celle de M. Chamberlain. Ce dernier, par sa hâte à vouloir élever l'édifice qu'il rêve, risque de provoquer une dislocation prochaine de la construction hétérogène qui forme l'Empire britannique actuel. Les autres conserveront du moins l'espoir qu'un ensemble d'événements, un concours de circonstances imprévus, si les bonnes relations entre la métropole et les colonies ne sont pas altérées, pourront peut-être, un jour lointain, permettre de construire enfin la Fédération britannique dont ils n'osent tenter eux-mêmes la réalisation, dans la crainte de voir la brutalité des faits dissiper leurs dernières illusions.

CONCLUSION

Nous avons examiné, dans les pages qui précèdent, les difficultés financières et économiques auxquelles se heurte aujourd'hui l'Angleterre, et les difficultés politiques qui entraveront bientôt son action. Malgré la richesse accumulée par les générations précédentes, le peuple anglais commence à trouver lourd le poids des charges que lui imposent son appareil militaire et naval. Il n'en est encore que gêné, mais la progression constante des dépenses de toute nature qu'aucun effort ne paraît capable d'arrêter est bien faite pour donner matière à de mélancoliques réflexions. Malgré la force de son patriotisme, la nation sera dans l'impossibilité de supporter longtemps l'augmentation continue du budget, surtout si, au lieu de se main-

17.

tenir comme par le passé, l'essor économique
se mettait à fléchir. Déjà, la sécurité financière
exigerait un élargissement de la base de taxation. Mais toute mesure ayant pour but le rétablissement d'impôts sur des produits de
grande consommation soulèvera naturellement l'hostilité des classes ouvrières. Celles-ci,
chaque jour mieux armées pour la lutte, et de
plus en plus puissantes, n'accepteront vraisemblablement pas que, sous prétexte d'équité ou
de sécurité, on revienne sur l'évolution accomplie pendant le dernier demi-siècle. En tout
cas tout mouvement dans ce sens sera nécessairement très limité. D'autre part, si la situation économique est loin d'être aussi mauvaise
que le prétendent M. Chamberlain et les néo-
protectionnistes, l'avenir ne laisse cependant
pas d'être inquiétant. La concurrence allemande
et américaine est réelle, et elle ne pourra aller
qu'en augmentant. Sans doute, la protection
pourra offrir contre elle quelque remède,
mais elle ne saurait procurer à l'industrie
qu'une amélioration temporaire, et elle risque,
en fin de compte, de causer plus de mal que
de bien. Les Anglais ne peuvent trouver de
remède sérieux contre les dangers économi-

ques qui les menacent, que dans une ingéniosité toujours en éveil et une activité égale
à celle de leurs rivaux. Les maux dont ils souf-
frent sont ceux qu'entraîne généralement
pour tous les peuples une longue période
de prospérité : la population s'est endormie
dans un sentiment de sécurité trompeuse ;
la propension à une vie large et aisée a eu
pour résultat un ralentissement marqué dans
l'ardeur au travail. Quoique fassent les Anglais, d'ailleurs, ils ne sauraient lutter contre
les ressources merveilleuses dont la nature
a si libéralement doté les États-Unis, leur
concurrent le plus sérieux, et ils ne peuvent
espérer reconquérir la prédominance économique dont ils ont joui dans la seconde moitié
du XIXᵉ siècle.

Les difficultés politiques de l'avenir ne sont
pas moindres. Des adversaires redoutables
s'élèvent rapidement. Que pourra la Grande-
Bretagne livrée à ses seules forces, contre des
empires comme les États Unis; comme l'Allemagne, si une chance heureuse lui permet
un jour d'étendre son littoral jusqu'à l'em-
bouchure du Rhin, et de devenir à son tour
une grande puissance navale; comme la

Russie, lorsque, dégagée des vieilles idées et de l'ensemble des institutions autocratiques qui l'entravent encore, elle sera entraînée et transformée à son tour par le courant irrésistible des idées modernes ?

A ces multiples et dangereuses difficultés les impérialistes espèrent pouvoir faire face par la création de la Fédération britannique. En groupant en un faisceau solidement uni les membres épars, presque indépendants déjà de l'Empire britannique, ils assureraient à celui-ci une période nouvelle de suprématie. La population blanche des grandes colonies est trop faible encore pour leur permettre de jouer un rôle important dans les luttes politiques, mais les impérialistes croient pouvoir en hâter le développement par les moyens artificiels qu'ils préconisent. Si le Canada, l'Australasie, l'Afrique du Sud, peuplées de ces millions d'hommes auxquels leur étendue leur permettra sans doute de donner asile dans un avenir éloigné, mais que l'imagination de M. Chamberlain lui fait voir existants déjà, refoulant les tendances naturelles qui les poussent vers la séparation, acceptaient de se fondre avec la Grande-Bretagne dans la Fédération rêvée, pour former une nationalité nouvelle, et poursuivre un idéal commun, quelle coalition serait assez puissante pour résister à un aussi formidable empire? Sa population fournirait aisément la matière militaire qui commence à faire défaut à la métropole; ses richesses lui permettraient d'entretenir sans aucune gêne une armée et une marine capables de tenir tête aux rivaux les plus orgueilleux; les merveilleuses positions stratégiques dont il disposerait sur toutes les mers, lui assureraient la maîtrise incontestée de l'océan, qui échappe chaque jour davantage à l'Angleterre.

Ce ne sont là que vaines espérances. Nous avons vu les difficultés insurmontables qui s'opposent à leur réalisation, et contre lesquelles viendront se briser les efforts et les ardents désirs des impérialistes. La Fédération britannique serait une merveilleuse chose si un alchimiste habile pouvait lui insuffler la vie, mais il semble bien qu'elle soit condamnée à ne jamais sortir du domaine des chimères et des rêves. S'il en est ainsi, quelle politique s'imposera donc à la Grande-Bretagne dans un prochain avenir? Lui sera-t-il possible de continuer la politique de « splendide isolement » qu'elle a pu suivre sans danger au cours du siècle dernier ?

Sans doute, avec de l'habileté, en usant d'une extrême prudence, les rapports actuels entre la métropole et les jeunes « nations-sœurs » d'outre-mer pourront continuer ainsi, sans trop de changements vers le pire, pendant de nombreuses années encore. Mais le fil ténu qui les unit continuera à aller s'amincissant et, au lieu de se renforcer, l'union deviendra chaque jour plus précaire. Une situation aussi indécise, dans laquelle les colonies prétendront conserver la libre disposition de leurs forces, interdira à la Grande-Bretagne de faire trop de fonds sur l'appui éventuel qu'elle pourrait en obtenir en cas de nécessité. Si, d'ailleurs, la population des colonies n'augmente pas dans les prochaines années avec plus de rapidité que pendant la dernière décade, elles ne pourraient prêter, le voulussent-elles, qu'un concours des plus limités à la mère-patrie. L'Angleterre se verra donc obligée de continuer à pourvoir, avec ses seules forces, à la sécurité de son commerce et de ses approvisionnements en produits alimentaires et en matières premières. Elle devra assurer, seule aussi, la sécurité de ses nombreuses possessions coloniales, peuplées de races sujettes, répandues autour du monde dans la zone tropicale, et dont la richesse, à mesure que leur exploitation ira se développant, sera un alléchant appât pour ses rivaux, tandis que leur immense étendue et leur dispersion augmenteront singulièrement les difficultés de la défense.

Au siècle dernier, alors qu'elle était sans conteste la plus grande puissance coloniale et la première puissance maritime du monde, l'Angleterre s'était détachée peu à peu de la communauté européenne. Sûre de sa force, elle pouvait poursuivre sa politique sans s'embarrasser d'alliances qui, à côté des avantages qu'elles procurent, créent toujours des entraves gênantes. Toutes ses aspirations étaient tournées du côté de l'Océan : c'était hors de l'Europe, dans des régions où elle ne rencontrait pas de rivaux capables de lui tenir tête, qu'elle cherchait des accroissements de territoires et l'emploi de son inlassable activité. Sous l'influence d'événements plus forts que sa volonté, la voilà obligée de se replier de nouveau sur l'Europe. D'autres puissances ont suivi le même chemin qu'elle, ou repris, après une période d'abandon, une politique où elles l'avaient pré-

cédée avec succès. Malgré ses efforts, l'Angleterre n'est plus capable comme autrefois d'assurer à son pavillon la maîtrise incontestée des
mers. Pour défier heureusement les ambitions
rivales, et résister à une coalition toujours possible, il serait imprudent pour elle de se fier à ses
seules forces. Elle devra donc rechercher des
amitiés, des appuis, des alliances. Amitiés et
appuis, elle ne saurait en trouver de solides et
de durables chez ses rivaux éventuels. Avec la
Russie, sa grande rivale asiatique, avec l'Allemagne, qu'elle rencontre sur son chemin sur
un si grand nombre de points du globe, elle
ne pourrait conclure un accord sincère et de longue durée. Malgré tout son désir de rester en
bonnes relations avec les Etats-Unis, les ambitions de ceux-ci se heurteront fatalement aux
siennes, un jour peu éloigné peut-être. La
grande république américaine hâte de toutes
ses forces la construction d'une marine militaire qui fera d'elle la première puissance navale
du monde. Nul doute, avec les richesses dont
elle dispose, qu'elle réussisse dans son dessein
et surmonte les obstacles qui en ralentissent
l'accomplissement. Ce jour-là, c'en sera fait de
la cordialité des rapports que, grâce à sa condes-

cendance, l'Angleterre a réussi à entretenir avec elle jusqu'à présent.

Où l'Angleterre pourra-t-elle donc trouver l'appui qui lui sera nécessaire? Les avances qu'elle a faites à la France dans ces derniers temps semblent indiquer de quel côté se dirigeront ses préférences. N'est-ce-pas en effet la puissance dont l'amitié lui offrira les plus sûres garanties? L'état stationnaire de notre population nous interdit de nouvelles ambitions coloniales. Notre empire d'outre-mer, tel que l'ont constitué nos acquisitions et nos conquêtes des vingt-cinq dernières années, est d'ailleurs assez vaste pour satisfaire notre orgueil, occuper notre activité, et nous conserver une place honorable dans le monde des grands Empires de demain. Obligés, par notre position géographique et par l'étendue de notre domaine colonial, d'entretenir une forte marine, notre neutralité serait précieuse en tout temps à l'Angleterre, et en cas de sérieux conflit notre alliance deviendrait pour elle un appoint d'une valeur considérable. Ainsi, l'ensemble d'événements et de causes qui, en diminuant dans la politique mondiale l'importance relative de l'Angleterre, l'obligeront à modifier sa politique, pourront augmenter, au contraire, le rôle de la France, si elle sait manœuvrer avec habileté et donner à son amitié toute l'importance qu'elle peut avoir, en conservant soigneusement en état ses forces militaires et navales.

TABLE DES MATIÈRES

Châteauroux. — Typographie et Lithographie Langlois